# essentials

*essentials* liefern aktuelles Wissen in konzentrierter Form. Die Essenz dessen, worauf es als „State-of-the-Art" in der gegenwärtigen Fachdiskussion oder in der Praxis ankommt. *essentials* informieren schnell, unkompliziert und verständlich

- als Einführung in ein aktuelles Thema aus Ihrem Fachgebiet
- als Einstieg in ein für Sie noch unbekanntes Themenfeld
- als Einblick, um zum Thema mitreden zu können

Die Bücher in elektronischer und gedruckter Form bringen das Expertenwissen von Springer-Fachautoren kompakt zur Darstellung. Sie sind besonders für die Nutzung als eBook auf Tablet-PCs, eBook-Readern und Smartphones geeignet. *essentials:* Wissensbausteine aus den Wirtschafts-, Sozial- und Geisteswissenschaften, aus Technik und Naturwissenschaften sowie aus Medizin, Psychologie und Gesundheitsberufen. Von renommierten Autoren aller Springer-Verlagsmarken.

Weitere Bände in dieser Reihe http://www.springer.com/series/13088

Stephanie Funk

# Das Erbe im Netz

## Rechtslage und Praxis des digitalen Nachlasses

Springer Gabler

Stephanie Funk
Bartsch Rechtsanwälte PartG mbB
Karlsruhe, Deutschland

ISSN 2197-6708 ISSN 2197-6716 (electronic)
essentials
ISBN 978-3-658-18395-0 ISBN 978-3-658-18396-7 (eBook)
DOI 10.1007/978-3-658-18396-7

Die Deutsche Nationalbibliothek verzeichnet diese Publikation in der Deutschen Nationalbibliografie; detaillierte bibliografische Daten sind im Internet über http://dnb.d-nb.de abrufbar.

Springer Gabler


Springer Gabler ist Teil von Springer Nature
Die eingetragene Gesellschaft ist Springer Fachmedien Wiesbaden GmbH
Die Anschrift der Gesellschaft ist: Abraham-Lincoln-Str. 46, 65189 Wiesbaden, Germany

# Was Sie in diesem *essential* finden können

- Definition des digitalen Nachlasses
- Bedeutung des digitalen Nachlasses für Erben und Bevollmächtigte
- Überblick über die Rechtslage
- Regelungsmöglichkeiten zu Lebzeiten

# Inhaltsverzeichnis

# Einleitung 1

Wir leben „4.0". Industrie 4.0, Arbeiten 4.0, Recht 4.0, Verbraucherschutz 4.0 – diese Aufzählung ließe sich beliebig fortsetzen in einer Zeit, in der der digitale Wandel unaufhaltsam voranschreitet und unser wirtschaftliches wie gesellschaftliches Leben dominiert.

Die Digitalisierung prägt nicht nur die Arbeitswelt, sondern insbesondere unser privates Leben. Dementsprechend haben sich die Zeiten auch im privaten Umgang mit Daten im Laufe der letzten Jahre zunehmend stark verändert. Wurden früher Briefe geschrieben, so ist heute die E-Mail längst das Mittel der Wahl, um dem Empfänger unkompliziert und ohne zeitliche Verzögerung Nachrichten zuzustellen. Früher teilte manch einer seine Gedanken dem Tagebuch mit – heute werden Beiträge über das eigene Leben bei Facebook gepostet. Den Gang ins Geschäft erspart die Online-Bestellung, den Überweisungsträger das Online-Banking. Wo früher nur das Fernsehprogramm auf einen wartete, greift man heute zu jeder Zeit auf Angebote der Streaming-Dienste zurück; den Flohmarktstand ersetzt die Kleinanzeige bei eBay oder Quoka. Das digitale Fotoarchiv ersetzt das Fotoalbum. Die Liste lässt sich beliebig fortsetzen.

Dabei hat die Realität von heute nicht nur junge Menschen, sondern verstärkt auch ältere Menschen eingeholt, die mit dem Wandel der Zeit mithalten. Mit Blick auf das Internet und seine vielfältigen Möglichkeiten wird schnell klar, dass dort Spuren zurückbleiben, die uns selbst überdauern. Und so hinterlassen wir bei unserem Tod nicht nur das Haus, das Auto, den Schmuck und das Bankvermögen, sondern auch unsere Passwörter, E-Mails, Blogbeiträge, Fotos, Videos und Dokumente im Netz.

In Zahlen ausgedrückt sieht die aktuelle Internetnutzung wie folgt aus: Die Zahl der Onlinenutzer stieg im Jahr 2016 im Vergleich zum Vorjahr um 2 Mio. auf insgesamt 58 Mio.; dies entspricht einem Anteil von 83,8 % der deutschsprachigen Bevölkerung ab 14 Jahren.[1] Dabei nimmt die Kommunikation im Internet

© Springer Fachmedien Wiesbaden GmbH 2017
S. Funk, *Das Erbe im Netz*, essentials,
DOI 10.1007/978-3-658-18396-7_1

mit 39 % den größten Anteil der online verbrachten Zeit ein und übertrifft damit die Zeit, die mit Mediennutzung, Informationssuche, Spielen und Transaktionen verbracht wird.[2] Das E-Mailen, Chatten und die Interaktion in Social-Media-Angeboten liegen somit ganz weit vorne.[3]

Gleichwohl wurde lange Zeit nicht hinterfragt, wie der digitale Nachlass vererbt wird und ob und warum für ihn möglicherweise andere Regelungen gelten könnten als für den – analogen – Nachlass im Übrigen. Erst in den letzten Jahren geriet der digitale Aspekt des Nachlasses zunehmend in den Fokus, als in der juristischen Literatur verstärkt der Frage nach der Handhabung des digitalen Erbes nachgegangen wurde. Aus erbrechtlicher Sicht ist der digitale Nachlass bislang stiefmütterlich behandelt worden. Eine ausdrückliche gesetzliche Regelung gibt es nicht. Mittlerweile hat sich aber das Problembewusstsein verschärft, wobei jedoch immer noch viele Fragen offen sind und teils kontrovers diskutiert werden.

Das genaue Zusammenspiel zwischen Erbrecht, Grundrechten, Datenschutz und Geschäftspraktiken der Diensteanbieter ist dabei noch weitgehend ungeklärt und die zugrunde liegenden Rechtsfragen sind umstritten.[4]

Dieses Werk soll einen Überblick darüber geben, was den digitalen Nachlass ausmacht, sowie über die vielschichtigen Fragestellungen, die das „Erbe im Netz" mit sich bringt. Sodann werden Ansätze aufgezeigt, welche Möglichkeiten für den künftigen Erblasser zu Lebzeiten bestehen, das digitale Erbe nach eigenen Wünschen zu lenken, namentlich durch Testament. Zu erörtern sein wird aber auch die Frage nach Regelungsmöglichkeiten im Rahmen von Vorsorgevollmachten, denn der Begriff des digitalen „Nachlasses" verleitet zu Unrecht dazu, die Problematik der lebzeitigen Geschäftsunfähigkeit aus dem Blick zu verlieren.[5]

---

[1] ARD/ZDF Onlinestudie 2016, S. 2.

[2] ARD/ZDF Onlinestudie 2016, S. 5.

[3] wie vor.

[4] Raude, RNotZ 2017, 17.

[5] Raude, RNotZ 2017, 17, 24.

# Definition des digitalen Nachlasses 2

Bevor der Frage nachgegangen werden kann, wie es sich mit der juristischen und praktischen Handhabung des digitalen Nachlasses verhält, ist vorab zu klären, was dieser Begriff eigentlich umfasst. Ebenso wenig wie eine gesetzliche Regelung zum digitalen Nachlass vorhanden ist lässt sich auf eine Legaldefinition zurückgreifen. Der Rechtsanwender steht damit vor der Aufgabe, ältere gesetzliche Regelungen von allgemeiner Tragweite auf neue Entwicklungen zu beziehen.[1]

Umschreiben lässt sich der digitale Nachlass als die „Gesamtheit des digitalen Vermögens"[2], wobei darunter alle Rechtsverhältnisse des Erblassers im Zusammenhang mit informationstechnischen Systemen[3] fallen, einschließlich des gesamten elektronischen Datenbestandes.[4] Präziser ausgedrückt ist der digitale Nachlass die Gesamtheit des digitalen Vermögens des Erblassers, sämtlicher gespeicherten Daten, ob auf heimischen Datenträgern, im Internet oder auf Clouds, inklusive der Hard- und Software sowie der Zugänge zum World Wide Web.[5] Damit ist klar, dass nicht nur die Internetkonten des Benutzers zu dessen digitalem Erbe gehören, sondern dass dieses beispielsweise auch die auf USB-Sticks und CDs sowie der Festplatte gespeicherten Dokumente wie Fotos, Filme und Dateien sämtlicher Art umfasst.

---

[1]Hoor, ZAP 2016, 1127.

[2]Bräutigam in: Stellungnahme DAV 34/2013, S. 93; BVerfGE NJW 2008, 822.

[3]Steiner/Holzer, ZEV 2015, 262, 262.

[4]Deusch, ZEV 2014, 2.

[5]Herzog, NJW 2013, 3745.

© Springer Fachmedien Wiesbaden GmbH 2017
S. Funk, *Das Erbe im Netz,* essentials,
DOI 10.1007/978-3-658-18396-7_2

Die auf diese Weise betroffenen Rechtsbeziehungen sind vielfältig. Es gehören hierzu bestehende Rechtsverhältnisses mit Online-Providern, zum Beispiel mit dem E-Mail- oder Cloudspeicheranbieter[6] oder aber den Anbietern sozialer Netzwerke.[7] Ebenfalls betroffen sind Urheberrechte an Texten[8] sowie Nutzungsrechte[9] an fremden Werken, wozu insbesondere die online erworbenen Rechte an Musikwerken („MP3's") sowie Sprachwerken („E-Books")[10] und digitalen Büchern gehören. Ebenso umfasst sind Vertragsverhältnisse, die über das Internet begründet werden[11], wie zum Beispiel bei Online-Käufen, Online-Tickets und Online-Abos. Zu erwähnen sind letztlich auch die Rechte an Domains und Websites[12].

---

[6]Bleich, c't 2/2013, 62.

[7]Kroiß/Herzog, Nachfolgerecht, 9. Kap, Rn. 28 ff.

[8]Steiner/Holzer, ZEV 2015, 262, 263.

[9]Herzog, NJW 2013, 3745, 3750.

[10]Gloser, MittBayNot 2016, 12.

[11]Kroiß/Herzog, Nachfolgerecht, 9. Kap, Rn. 8.

[12]Bräutigam in: Burandt, § 1922 BGB, Anhang Digitaler Nachlass, Rn. 3.

# Interessenslage von Hinterbliebenen und Bevollmächtigten 3

Was passiert nun, wenn eine Person, die über ein digitales Vermögen im vorstehend genannten Sinne verfügt, verstirbt oder aber geschäftsunfähig wird? Kann jemand, und wenn ja, wer, auf die digitalen Daten zugreifen? Und warum ist der digitale Nachlass überhaupt von Interesse?

Das Interesse der Hinterbliebenen, Erben und Angehörigen – die nicht notwendigerweise dieselben Personen sein müssen – Zugang zu vorhandenen E-Mail-Konten, Kundenkonten etc. zu erhalten, liegt auf der Hand:

Unter rein persönlichen, emotionalen Aspekten ist es insbesondere für Angehörige in der Regel enorm wichtig zu wissen, was den Verstorbenen beschäftigt hat, vor allem auch in der Zeit vor dem Tod. Worüber hat er sich Gedanken gemacht? Mit wem hatte er Kontakt? Ist jemand über den Todesfall zu informieren? Antworten auf diese Fragen ermöglicht die Sichtung der Mailkorrespondenz, der Einträge in sozialen Netzwerken und Foren. In diesem Zusammenhang taucht verschiedentlich der Begriff des „digitalen Zombies"[1] auf. Damit wird die Situation beschrieben, dass bspw. eine Partyeinladung, die der Erblasser in einem sozialen Netzwerk gepostet hat, auch noch nach dessen Tod sichtbar bleibt. Ebenso hierher gehört die Geburtstagserinnerung an den längst verstorbenen Freund, dessen Facebook-Account weiterhin aktiv ist. Derartige Situationen werden vom Betroffenen verständlicherweise als störend, wenn nicht gar pietätlos empfunden und können die Trauerbewältigung empfindlich beeinträchtigen.

Nicht selten spielt hier auch der postmortale Persönlichkeitsschutz eine Rolle, der den Achtungsanspruch einer Person auch nach deren Tod sicherstellen soll, in

---

[1]Bleich, c't 2/2013, 62.

© Springer Fachmedien Wiesbaden GmbH 2017
S. Funk, *Das Erbe im Netz*, essentials,
DOI 10.1007/978-3-658-18396-7_3

Zeiten von Fake News, Mobbing und Rufmord im Internet ebenfalls ein nicht zu unterschätzender Aspekt.

Der Zugang zum E-Mail-Account eines Erblassers ermöglicht es aber des Weiteren, einen Überblick darüber zu bekommen, welche Verträge der Erblasser abgeschlossen hat und ob sich hieraus möglicherweise laufende Verbindlichkeiten ergeben. Dies ist insbesondere auch dann von Bedeutung, wenn sich ein Erbe mit der Frage trägt, ob er das Erbe möglicherweise wegen Überschuldung ausschlagen sollte. In Fällen, in denen für die Hinterbliebenen zweifelhaft ist, ob der Nachlass werthaltig oder ggf. überschuldet ist, kann nur die vollständige Kenntnis über den Nachlass Sicherheit schaffen. Für die Ausschlagung gilt eine gesetzliche Frist von sechs Wochen ab Kenntnis des Erben vom Erbfall und dem Grund seiner Berufung als Erbe.[2] Dieser Zeitraum kann im Einzelfall durchaus knapp bemessen sein. Je mehr Informationsmöglichkeiten dem Betroffenen zur Verfügung stehen, desto eher kann er das Für und Wider der Ausschlagung einschätzen.

Ein ebenso wichtiger Punkt ist die Kündigung von Online-Abos sowie sonstigen Vertragsbeziehungen, die über das Internet abgewickelt werden. Fehlt eine Auflistung aller Internetkonten der betroffenen Person, hat man aber eine Zugriffsmöglichkeit auf das E-Mail-Konto, so lässt sich meist herausfinden, welche weiteren Onlinekonten unterhalten wurden.[3]

Auch im Bereich von geschäftsmäßigen Internetauftritten ist es notwendig, dass den Erben die Zugangsdaten zugänglich gemacht werden.[4] § 6 TMG bestimmt, dass das Impressum innerhalb von sechs Wochen nach dem Todesfall zu ändern ist. Hat der Erbe diese Zugangsdaten nicht, muss er sie sich vom Internetanbieter beschaffen. Hierzu bedarf es seiner Legitimation als Erbe. Kann der Erbnachweis aber mangels Vorliegen eines notariellen Testaments nur durch Erbschein erbracht werden, wird die 6-Wochen-Frist oftmals nur schwer einzuhalten sein, da es hierfür einer gerichtlichen Antragstellung bedarf.

Die Interessenlage der Hinterbliebenen und Bevollmächtigten zielt im Ergebnis zunächst einmal darauf ab, Zugang zur Information zu erhalten. Die sodann folgenden zwei weiteren Aspekte sind ggf. gleichermaßen wesentlich: die Deaktivierung von Accounts sowie letztlich auch die Löschung der Accounts bzw. von deren Inhalten.

---

[2]Der Berufungsgrund basiert entweder auf einem Testament oder der gesetzlichen Erbfolge.
[3]Pruns, NWB 2013, 3161, 3162.
[4]Herzog in: Stellungnahme 34/2013, DAV S. 53.

# Problemdarstellung am Beispiel des Zugangs zu E-Mail-Konten

**4**

Schon zu Beginn der Ausführung zur Interessenlage der Hinterbliebenen wurde kurz das Problem angerissen, das sich hinsichtlich der Person des Berechtigten stellt. Wer ist nun rechtlich betrachtet konkret befugt, auf das digitale Vermögen des Erblassers zuzugreifen?

Der Mailverkehr stellt in der Regel das Kernstück der Online-Aktivität einer Person dar, weil darüber nicht nur die private und auch berufliche Korrespondenz abgewickelt wird, sondern für die Begründung von Vertragsbeziehungen über das Internet meist eine gültige Mailadresse anzugeben ist. Und auch die Korrespondenz bezüglich sonstiger Verträge, bspw. mit Versicherungsunternehmen und Banken, wird heute vielfach über E-Mails abgewickelt. Aus diesem Grunde orientieren sich die nachfolgenden Ausführungen speziell am Beispiel des E-Mail-Accounts. Im Übrigen lassen sich in diesem Kontext auch die sich anschließenden Problemkreise – namentlich die entgegenstehenden Rechtsvorschriften und Rechte Dritter – anschaulich erläutern.

## 4.1 Grundsatz der Universalsukzession

Ausgangspunkt für die Überlegung, wer die Daten und Passwörter des Verstorbenen erbt, ist der erbrechtliche Grundsatz der sogenannten Universalsukzession, der Gesamtrechtsnachfolge. Diese ist in § 1922 des Bürgerlichen Gesetzbuches (BGB) verankert:

(1) *Mit dem Tode einer Person (Erbfall) geht deren Vermögen (Erbschaft) als Ganzes auf eine oder mehrere andere Personen (Erben) über. (…)*

© Springer Fachmedien Wiesbaden GmbH 2017
S. Funk, *Das Erbe im Netz*, essentials,
DOI 10.1007/978-3-658-18396-7_4

Vererblich sind dabei alle dinglichen und persönlichen Vermögensrechte und Verbindlichkeiten einschließlich der Rechte und Verbindlichkeiten aus Bürgschaften oder unerlaubten Handlungen.[1]

Hintergrund ist, dass das Erbrecht die Funktion hat, das Eigentum als Grundlage der eigenverantwortlichen Lebensgestaltung mit dem Tod des Eigentümers nicht untergehen zu lassen, sondern seinen Fortbestand im Wege der Rechtsnachfolge von Todes wegen zu sichern.[2]

Der Gesamtrechtsnachfolger tritt hierzu in sämtliche Rechtspositionen des Erblassers und damit sowohl in seine Rechte als auch in seine Pflichten ein. Die Umschreibung des Übergangs „als Ganzes" scheint auf den ersten Blick eine allumfassende Nachfolgeregelung zu sein, die es augenscheinlich nicht notwendig macht, weitere Differenzierungen vorzunehmen.

## 4.2    Vermögenswerte und nichtvermögenswerte Positionen

Jedoch spricht das Gesetz zugleich von einem „Vermögens"übergang, weshalb auf den zweiten Blick doch eine nähere Betrachtung dahin gehend angezeigt ist, ob vermögenswerte und nichtvermögenswerte Bestandteile des Nachlasses möglicherweise unterschiedlichen Regeln folgen, mit entsprechenden Auswirkungen für den digitalen Teil des Nachlasses.

Ein kurzer Überblick: Unstreitig sind alle vermögenswerte Rechte und Rechtsstellungen vererblich.[3] Hierzu gehören beispielsweise Forderungen und Verbindlichkeiten, Sicherungsrechte an Sachen und auch Kontodaten.

Unvererblich hingegen sind in der Regel die nichtvermögenswerten Positionen.[4] Dazu gehören Rechte, die dem Erblasser höchstpersönlichen zustehen; sie erlöschen grundsätzlich mit dem Tod.[5] Namentlich zu nennen ist hier der höchstpersönliche Bereich des allgemeinen Persönlichkeitsrechts, abgeleitet aus Art. 2 Absatz 1 in Verbindung mit Art. 1 Abs. 1 des Grundgesetzes (GG). Es schützt die persönliche Integrität des Menschen und ergänzt als „unbenanntes" Freiheitsrecht

---

[1]Palandt/Weidlich, § 1922 BGB, Rn. 8.

[2]Palandt/Weidlich, Einl. zu § 1922 BGB, Rn. 1; BVerfG NHW 1995, 2977.

[3]BGH NJW 2000, 2195.

[4]MüKo/Leipold, § 1922 Rn. 19.

[5]Jauernig/Stürner, § 1922 BGB Rn. 12 f., Kroiß/Kroiß, BGB Erbrecht, § 1922, Rn. 10.

die im Grundgesetz explizit benannten Freiheitsrechte.[6] Zu den höchstpersönlichen Rechten des Erblassers gehören ferner u. a. das Namensrecht, das mit dem Tod des Erblassers ebenfalls erlischt, sowie das sogenannte postmortale Persönlichkeitsrecht. Dessen treuhänderische Wahrnehmung wiederum obliegt den nächsten Angehörigen des Erblasser. Weisen höchstpersönliche Positionen allerdings einen vermögenswerten Bezug auf, dann sind sie wiederum vererblich.

Je nach betroffener Rechtsposition gehen Rechtspositionen demnach entweder unter, stehen dem Erben zu oder werden von den nächsten Angehörigen ausgeübt. Hiervon ausgehend stellt sich auch bezüglich der Vererblichkeit des digitalen Nachlasses die Frage, ob nicht die vermögenswerten Bestandteile des Nachlasses von den nichtvermögenswerten dergestalt zu trennen sind, dass die vermögenswerten Positionen vererblich und die nichtvermögenswerten Positionen nicht vererblich sind.

Die Beantwortung der Frage war lange Zeit in der Literatur umstritten. Dies möglicherweise deshalb, weil der häufig persönliche und vertrauliche Inhalt des digitalen Nachlasses das Empfinden hervorrief, dass ein erhöhter, über das allgemeine Erbrecht hinausgehender Schutz im Erbfall notwendig sein könnte.[7] Im Ergebnis ordneten die Befürworter dieser Ansicht die rein vermögenswerten Positionen unter § 1922 BGB ein mit der Folge, dass diese auf die Erben übergehen. Die nichtvermögenswerten Positionen hingegen sollten anders behandelt werden. Da es sich hierbei um höchstpersönliche Rechte handele, gingen diese auf die nächsten Angehörigen über. Eine andere Auffassung in der Literatur ging gar dahin, dass nichtvermögenswerte Positionen mit dem Tod des Erblassers untergehen sollten und zwar unabhängig davon, ob sie höchstpersönlich waren oder nicht.[8]

Hier zeigt sich bereits die Problematik in der Praxis: nach der gesetzlichen Erbfolge sind – verkürzt dargestellt – diejenigen Personen Erben, die mit dem Erblasser am nächsten verwandt sind. Nicht immer aber stehen die nächsten Angehörigen dem Erblasser auch emotional am nächsten. Derjenige, der aufgrund dieser Tatsache oder aber bspw. aus steuerlichen Erwägungen heraus die gesetzliche Erbfolge durch eine Verfügung von Todes wegen, sprich Testament oder Erbvertrag, außer Kraft setzt, vertraut darauf, alles zur umfassenden Regelung seines Nachlass – inklusive des digitalen – getan zu haben.

---

[6]Müller-Glöge/Schmidt, Art. 2 GG, Rn. 33.

[7]Hoor, ZAP 2016, 1127.

[8]Hoeren, NJW 2005, 2113.

Wenn gleichwohl nach dem Tode eine Unterscheidung nach vermögenswerten und nicht vermögenswerten Nachlassbestandteilen vorgenommen würde, ließe sich damit der Erblasserwille aus den Angeln heben.

Ein rein praktisches Problem stellt sich zudem, will man einzelne Positionen der einen oder anderen Kategorie zuordnen, wenn deren Inhalt sich nicht eindeutig trennen lässt.

So mag man eine beruflich veranlasste E-Mail, die einen Hinweis auf bspw. den anstehenden Familienurlaub enthält, ebenso schwer einordnen können wie eine E-Mail privaten Inhalts, die außerdem das nächste berufliche Projekt beschreibt. Hier stellt sich die Frage, wo die Grenze zu ziehen ist zwischen vermögenswerten und nicht vermögenswerten Inhalten und wer diese Einordnung im Zweifelsfall vorzunehmen hat. Manch eine Entscheidung dürfte hier im Auge des Betrachters liegen, die nicht unbedingt auf das Verständnis von Hinterbliebenen – seien es nun Familienangehörige oder dritte Personen als Erben – treffen wird. Ein Provider bspw. kann schwerlich entscheiden, welche E-Mails – oder Teile davon – dem vermögenswerten bzw. dem nichtvermögenswerten Teil zuzuordnen sind.

Die Problematik wird veranschaulicht, wenn man den Befund auf die Offline-Welt überträgt, hieße dies doch, dass die Post gehalten wäre, noch nicht an den Erblasser zugestellte Briefe zu öffnen und nach privaten und geschäftlichen Inhalten zu sortieren, und die einen den Angehörigen, die anderen den Erben zuzusenden.[9]

Die Gesamtrechtsnachfolge bedeutet den Übergang aller vererblichen Rechte und Verbindlichkeiten auf den bzw. die Erben. Damit aber muss der Begriff des Vermögens in § 1922 BGB über den allgemeinen Vermögensbegriff hinausgehen[10] und in einem weiteren Sinne.

Und so kann im Ergebnis nur richtig sein, das Vermögen als Inbegriff aller verkörperten Elemente einerseits sowie auch aller Schuldrechtsbeziehungen einer Person zu verstehen, gleich ob es sich um vermögenswerte oder nicht vermögenswerte Positionen handelt. Bestätigt wird diese Ansicht auch mit einem Blick auf die vergleichbare Situation von Tagebüchern oder privaten Briefen. Auch hier existiert kein Rechtssatz, nachdem die Rechtsnachfolge in diesem Bereich eingeschränkt wäre. Es besteht kein sachlicher Grund, dies für den digitalen Nachlass anders zu beurteilen.[11]

---

[9]Herzog in: Stellungnahme DAV 34/2013, S. 53.

[10]Herzog, NJW 2013, 3745.

[11]Hoor, ZAP 2016, 1127.

## 4.3 Zugangsmöglichkeit

Aus schuldrechtlichen Vertragsverhältnissen entstehen Haupt- und Nebenpflichten der Vertragspartner, die in den Nachlass des Erblassers fallen können.[12] Damit geht auch der Anspruch des Erben gegen den Provider auf Auskunftserteilung hinsichtlich der Zugangsdaten – wie beschrieben – im Wege der Gesamtrechtsnachfolge über. Doch auch wenn mit dieser heute herrschenden Meinung der Erbe berechtigt ist, auf den digitalen Nachlass unter Ausschluss sonstiger Personen zuzugreifen, so nützt diese Erkenntnis dann nichts, wenn der Berechtigte faktisch mangels Kenntnis der Zugangsdaten nicht zugreifen kann.

Ist der Berechtigte nicht im Besitz der Zugangsdaten des Erblassers, so kann er zwar aufgrund seiner Rechtsstellung als Erbe diese rechtlich betrachtet vom Diensteanbieter heraus verlangen, z. B. gegen Vorlage einer Sterbeurkunde und Erbschein. Die Realität sieht aber häufig anders aus. Damit ist das eigentliche Hauptproblem beschrieben:

Auch wenn der Erbe grundsätzlich auf den Account und dessen Inhalt zugreifen darf und damit einen Anspruch auf Mitteilung der Zugangsdaten gegen den Provider hat, heißt das noch nicht, dass der Provider ihm den Zugang auch tatsächlich gewährt. Neben den oftmals gegenteilig lautenden Nutzungsbedingungen der Provider berufen sich diese oft darauf, die Herausgabe der Zugangsdaten verletze entgegenstehende Rechtsvorschriften und Rechte Dritter.[13] Gerade bei E-Mails ist in der Tat zu bedenken, dass dritte Personen an der Kommunikation beteiligt sind. Der E-Mail-Absender, der speziell dem Erblasser Nachrichten zukommen lassen wollte, vielleicht mit sehr persönlichem oder gar vertraulichem Inhalt, wird nicht von vornherein damit einverstanden sein, dass nun Personen von der Korrespondenz Kenntnis erlangen, die sie mutmaßlich nichts angeht. Die Identität der Berechtigten wird der Absender im Zweifel wohl gar nicht kennen.

Aus Gründen des Schutzes von Rechten Dritter, des postmortalen Persönlichkeitsrechts sowie des Datenschutzes wird somit von vielen Diensteanbietern die Herausgabe der Zugangsdaten verweigert. Anders als Steuerberater, Ärzte und Anwälte kann sich ein Provider dabei allerdings nicht auf Verschwiegenheitspflichten berufen.[14]

Und so ist zu hinterfragen, ob der grundsätzlichen Pflicht der Provider, den Erben Zugang zum Account zu gewähren, durch das Datenschutzrecht und das

---

[12]Klas/Möhrke-Sobolewski, NJW 2015, 3573, 3474.

[13]Kutscher, S. 130.

[14]Kutscher, S. 130.

Fernmeldegeheimnis Grenzen gesetzt sind.[15] Denn auch wenn Nutzungsverträge ihren Schwerpunkt meist im Dienst- oder Werkvertragsrecht haben und somit die Nutzung des Accounts im Vordergrund steht, muss der Provider doch grundsätzlich den Datenschutz beachten, sobald einzelne Leistungen datenschutzrechtlichen Bestimmungen unterliegen.[16]

Zu erwähnen sein wird sodann auch das postmortale Persönlichkeitsrecht. Auch diesbezüglich könnte die Freigabe von Zugangsinformationen durch den Provider Bedenken hervorrufen.

### 4.3.1 Telekommunikationsgesetz (TKG)

§ 1 Abs. 1 Bundesdatenschutzgesetz (BDSG) bestimmt, dass der Einzelne davor zu schützen ist, durch den Umgang mit seinen personenbezogenen Daten in seinem Persönlichkeitsrecht beeinträchtigt zu werden. Das grundgesetzlich in Art. 10 GG verankerte Fernmeldegeheimnis ist eine Ausprägung des Datenschutzes für den Bereich der Telekommunikation. Geregelt ist es in § 88 Telekommunikationsgesetz (TKG):

(1) *Dem Fernmeldegeheimnis unterliegen der Inhalt der Telekommunikation und ihre näheren Umstände, insbesondere die Tatsache, ob jemand an einem Telekommunikationsvorgang beteiligt ist oder war. (...)*

(2) *Zur Wahrung des Fernmeldegeheimnisses ist jeder Diensteanbieter verpflichtet. Die Pflicht zur Geheimhaltung besteht auch nach dem Ende der Tätigkeit fort, durch die sie begründet worden ist.*

(3) *Den nach Absatz 2 Verpflichteten ist es untersagt, sich oder anderen über das für die geschäftsmäßige Erbringung der Telekommunikationsdienste einschließlich des Schutzes ihrer technischen Systeme erforderliche Maß hinaus Kenntnis vom Inhalt oder den näheren Umständen der Telekommunikation zu verschaffen. Sie dürfen Kenntnisse über Tatsachen, die dem Fernmeldegeheimnis unterliegen, nur für den in Satz 1 genannten Zweck verwenden. Eine Verwendung dieser Kenntnisse für andere Zwecke, insbesondere die Weitergabe an andere, ist nur zulässig, soweit dieses Gesetz oder eine andere gesetzliche Vorschrift dies vorsieht und sich dabei ausdrücklich auf Telekommunikationsvorgänge bezieht. (...)*

---

[15]Kutscher, S. 131.

[16]Kutscher, S. 130.

Für Telekommunikations-Provider ist somit im Fall der Preisgabe von Zugangsdaten und Passwörtern eines Accounts an die Erben fraglich, ob nicht § 88 Absatz 2 und 3 TKG entgegenstehen.[17]

Die wissenschaftlichen Meinungen hierzu gehen auseinander. Einerseits wird angenommen, der Schutzbereich des § 88 TKG sei jedenfalls dann eröffnet, wenn die E-Mails noch beim Provider gespeichert sind und damit noch nicht dem Herrschaftsbereich der Kommunikationsteilnehmer unterliegen.[18] Danach stellt die Herausgabe der Zugangsdaten einen Grundrechtseingriff dar, der ggf. nicht einmal durch die Einwilligung sämtlicher am Kommunikationsvorgang berechtigter Personen gerechtfertigt wäre[19]. Nach dieser Auffassung treffen in diesem Bereich die Grundrechte der Art. 10 GG (Schutz des Post- und Fernmeldegeheimnis) und Art. 14 GG (Erbrechtsgarantie) konkurrierend aufeinander. Der Schutzbereich des Art. 10 Abs. 1 GG erstreckt sich auch auf diese auf dem Server gespeicherten E-Mails unabhängig davon, ob der Nutzer schon von ihnen Kenntnis genommen hat oder nicht.[20] In der Folge müsse der Gesetzgeber hier eine gesetzliche Regelung dergestalt vorsehen, dass die Befugnis des Diensteanbieters zum Eingriff in das Fernmeldegeheimnis des Erblassers und seines Kommunikationspartners auch gegenüber dem Gesamtrechtsnachfolger des Vertragspartners erweitert wird.[21]

Dem kann entgegen gehalten werden, dass bei einem Vergleich der E-Mail mit einem Postbrief die rein erbrechtliche Sichtweise dazu führt, dass sich schon aus dem Vertrag mit dem E- Mail-Provider der vererbliche Anspruch auf Übertragung der vorgehaltenen Daten samt des Nebenanspruchs auf Auskunft bezüglich der Zugangsdaten ergibt.[22] Die Verfügungsbefugnis über einen Postbrief geht im Verhältnis von Absender zu Empfänger im Zeitpunkt der Zustellung, also Einwurf in den Briefkasten, über. Verglichen hiermit ist Zeitpunkt der Zustellung der E-Mail nicht erst die Speicherung auf dem lokalen PC, sondern bereits der Eingang im E-Mail-Postfach. Ab diesem Zeitpunkt kann der Absender der Nachricht sein allgemeines Persönlichkeitsrecht in Form des Briefgeheimnisses nicht mehr geltend machen.[23] Bei der Sichtung von Briefen durch den Erben werden in der Praxis

---

[17]Lange, ZErb 2016, S. 8.

[18]BVerfG, 2 BvR 902/06, NJW 2009, 2431, 2432.

[19]Mayen in: Stellungnahme DAV 34/2013, S. 76.

[20]BVerfG NJW 2009, 231, 2432 f.

[21]Stellungnahme DAV, 34/2013, S. 8.

[22]Herzog, NJW 2013, 3745, 3749.

[23]Gloser, MittBayNot 2016, 12.

keine datenschutzrechtlichen Bedenken erhoben. Ein anderweitiger, strengerer Maßstab ist hiernach im digitalen Bereich nicht gerechtfertigt.

Ein weiteres Argument dafür, dass das Fernmeldegeheimnis hinter dem Erbrecht zurückzustehen hat, ist beispielsweise auch folgendes: Insbesondere Kommunikationspartner geschäftlicher Korrespondenz haben in der Regel ein gesteigertes Interesse daran, dass offene Verbindlichkeiten gesichtet und ausstehende Forderungen beglichen werden.[24] Ebenso lässt sich argumentieren, dass auch das Interesse der Erben an der Sichtung des Nachlasses wegen der sechswöchigen Ausschlagungsfrist vorrangig zu berücksichtigen ist.[25]

Eine weitere, praktische Überlegung stützt die Ansicht derjenigen, die einen Verstoß gegen das Fernmeldegeheimnis verneinen: Der Erbe hat Zugriff auf Speichermedien. Im Falle der Inbesitznahme eines Smartphones des Verstorbenen bspw. könnten E-Mails per Push geladen werden.[26] Mit dem Argument des Verstoßes gegen das Fernmeldegeheimnis wird hier wohl nicht diskutiert werden.[27]

## 4.3.2　Bundesdatenschutzgesetz (BDSG)

Vertritt man mit der überwiegenden Meinung in der Literatur die Auffassung, dass ein Provider nicht gegen das Fernmeldegeheimnis verstößt, wenn er dem Erben Zugang zum Account gewährt, stellt sich gleichwohl noch die Frage nach einem etwaigen Verstoß gegen das Bundesdatenschutzgesetz. § 1 BDSG bestimmt folgendes:

(1) *Zweck dieses Gesetzes ist es, den Einzelnen davor zu schützen, dass er durch den Umgang mit seinen personenbezogenen Daten in seinem Persönlichkeitsrecht beeinträchtigt wird.*

(2) *Dieses Gesetz gilt für die Erhebung, Verarbeitung und Nutzung personenbezogener Daten durch (…)*
    *1. öffentliche Stellen des Bundes,*
    *2. öffentliche Stellen der Länder (…)*
    *3. nicht-öffentliche Stellen, soweit sie die Daten unter Einsatz von Datenverarbeitungsanlagen verarbeiten, nutzen oder dafür erheben oder die Daten*

---

[24]Solmecke/Köbrich/Schmitt, MMR 2015, 291, 292.

[25]wie vor.

[26]Klas/Möhrke-Sobolewski, NJW 2015, 3473, 3478.

[27]wie vor.

> *in oder aus nicht automatisierten Dateien verarbeiten, nutzen oder dafür*
> *erheben, es sei denn, die Erhebung, Verarbeitung oder Nutzung der Daten*
> *erfolgt ausschließlich für persönliche oder familiäre Tätigkeiten. (...)*

Fraglich ist, ob ein Provider aufgrund des BDSG daran gehindert ist, den Erben Zugang zu den Daten des Erblassers zu gewähren. Das Bundesdatenschutzgesetz schützt die Daten einer natürlichen Person, also einer bestimmten oder bestimmbaren lebenden Person. Zum Schutzumfang zählt insbesondere der Schutz der Nutzer und Teilnehmer von Online-Angeboten davor, dass Provider oder Dritte ein digitales Persönlichkeitsprofil erstellen.[28] Damit sind die Daten von Verstorbenen nicht als personenbezogene Daten im Sinne des § 1 Absatz 1 BDSG anzusehen.[29] Dies erscheint auch vor dem Hintergrund sachgerecht, dass sich bei der erbrechtlichen Nachfolge in den Account das erhöhte Gefährdungspotenzial, das von einer Profilbildung ausgeht, nicht realisiert.[30] Insoweit sind die Diensteanbieter demnach nicht an der Gewährung der Zugangsdaten gehindert.

Gelegentlich wird allerdings argumentiert, es komme bei der Anknüpfung des Datenschutzrechts an eine lebende Person lediglich auf den Zeitpunkt der Entstehung der betroffenen Daten an, weshalb das Datenschutzrecht über den Tod hinaus seine Wirkungen entfalten könne.[31] Folgte man dieser Auffassung, so könnte die Berufung von Providern auf das BDSG durchaus gerechtfertigt sein.

Es gibt einen weiteren Anknüpfungspunkt im Rahmen der Diskussion, ob das BDSG in Bezug auf die Erben überhaupt Anwendung findet. Dem Wortlaut des § 1 Abs. 2 Nr. 3 BDSG folgend lässt sich argumentieren, bei der Weitergabe von Daten des Erblassers an dessen Rechtsnachfolger handele es sich um einen Vorgang, der seine Ursache im Erbrecht habe und der damit dem nichtkommerziellen, privaten Bereich zuzuordnen sei[32] mit dem Ergebnis, dass der Anwendungsbereich nicht eröffnet ist. Dem lässt sich entgegenhalten, dass der Erbe in den Online-Vertrag mit dem Provider eintritt, weshalb sein Anspruch auf Datenherausgabe dann folgerichtig dem kommerziellen, vertraglichen und nicht rein privaten Bereich zuzuordnen ist.[33]

---

[28]BT-Drucks. 17/5707, S. 2; BVerfG NJW 1984, 419, 424.

[29]Wolff/Schild, DS-GVO Art. 4, Rn. 11, mit dem Hinweis auf Ausnahmen für den Fall, dass die Daten eines Verstorbenen auch als Daten bspw. seines Abkömmlings anzusehen sind.

[30]Lange, Zerb 2016, 157.

[31]Martini, JZ 2012, 1145, 1149.

[32]Hoeren, NJW 2005, 2113.

[33]Lange, Zerb 2016, 158.

Zu begutachten ist des Weiteren, ob das BDSG die am Kommunikationsprozess beteiligten Dritten schützt. Man wird dies bejahen müssen, denn auch deren Schutz im Umgang mit personenbezogenen Daten dient selbstverständlich das BDSG. Nun kommt es aber wiederum darauf an, was der Erbe mit dem Zugang zu den dort gespeicherten Daten bezweckt; auf rein private Vorhaben wie das Aufbewahren von Erinnerungsstücken findet das BDSG wie schon erwähnt keine Anwendung.[34] In anderen Fällen oder im Zweifel jedenfalls wird aber wohl das Datenschutzgesetz im Ergebnis hinter dem erbrechtlichen Befund zurückstehen müssen.[35]

§ 1922 BGB und das Datenschutzrecht stehen nach den obigen Ausführungen aber zumindest in einem Spannungsverhältnis, dessen Auflösung angesichts der dargelegten Diskussion nur eingeschränkt rechtssicher erfolgen kann.[36]

Damit lässt sich nicht definitiv beantworten, ob der betroffene Erbe gegen den Diensteanbieter einen Anspruch auf Auskunft hinsichtlich der zur Person des Erblassers gespeicherten Daten hat. Es muss zumindest damit gerechnet werden, dass sich die Diensteanbieter auf die Anwendbarkeit des BDSG und damit die Verweigerung der Pflicht zur Auskunftserteilung berufen.

## 4.3.3  Postmortales Persönlichkeitsrecht

Ein weiteres Argument der Dienstanbieter bei der Verweigerung der Überlassung von Zugangsdaten ist das sog. postmortale Persönlichkeitsrecht. Dieses umfasst zum einen den allgemeinen Achtungsanspruch, der jedem Menschen kraft seines Personseins zusteht; zum anderen wird der sittliche, personale und soziale Geltungswert, den der Verstorbene durch seine eigene Lebensleistung erworben hat, geschützt.[37] Das postmortale Persönlichkeitsrecht als ideeller Teil des allgemeinen Persönlichkeitsrechts ist nicht vererblich, sondern wird im Zweifel von den Angehörigen als Wahrnehmungsberechtigte treuhänderisch ausgeübt.[38]

Auch im Bereich des digitalen Nachlasses muss der Verstorbene grundsätzlich nach seinem Tod gegen Herabwürdigungen und Verfälschungen jedweder

---

[34]Brinker/Stolze/Heidrich, ZD 2013, 153, 155.

[35]Herzog, NJW 2013, 3745, 3751; Mayen in: Stellungnahme DAV 34/2013, 75.

[36]Lange, Zerb 2016, 157, 158.

[37]BGHZ 50, 133.

[38]MüKo/Leipold, § 1922 Rn. 117.

Art geschützt werden, weshalb auch die Daten Verstorbener unter dem Schutz des postmortalen Persönlichkeitsrechts stehen.[39] Dies bedeutet aber nicht, dass alle personenbezogenen Daten des Betroffenen nach seinem Tod dem postmortalen Persönlichkeitsschutz unterfallen.[40] Solange der allgemeine Achtungsanspruch des Verstorbenen gewahrt und folglich dessen Menschenwürde nicht gefährdet ist, steht das postmortale Persönlichkeitsrecht des Erblassers der Geltendmachung von Auskunftsansprüchen nicht entgegen.[41] Nur wenn diese Grenze überschritten ist, können die nahen Angehörigen von den Erben verlangen, die rechtsverletzende Nutzung der Persönlichkeitsrechte des Erblassers zu unterlassen.[42]

### 4.3.4  AGB der Diensteanbieter

Was bedeutet das erbrechtliche Ergebnis einerseits sowie die diskussionswürdigen Blicke auf das TKG, BDSG und postmortales Persönlichkeitsrecht nun für die Provider? Wie sehen ihre Allgemeinen Geschäftsbedingungen aus? Worin genau liegt das Spannungsverhältnis?

Anders formuliert: Nachdem das erbrechtliche Ergebnis schlussendlich eindeutig ist und die Zugangsrechte der Erben mit der heute absolut herrschenden Meinung als gegeben angesehen werden können, stellt sich die Frage, wie davon ausgehend die Allgemeinen Geschäftsbedingungen der Anbieter tatsächlich auszusehen haben. Mit anderen Worten: Kann der Übergang eines Accounts auf die Erben vom Diensteanbieter durch entsprechende Regelungen in dessen Allgemeinen Geschäftsbedingungen wirksam ausgeschlossen werden?

Prüfungsmaßstab ist dabei zunächst einmal der jeweilige Vertrag selbst sowie dessen vertragstypologische Einordnung, wobei es den *einen* Vertrag über Internetproviderleistungen nicht gibt.[43] Vielmehr unterscheiden sich Hosting-Verträge, Verträge über Cloud-Dienstleistungen, Verträge zur Nutzung sozialer Netzwerke etc. voneinander. Oftmals werden Vertragselemente miteinander verknüpft. Die rechtliche Einordnung in diesem Bereich ist so schwierig wie umstritten. Es kann allerdings davon ausgegangen werden, dass in den meisten Fällen Miet- oder Dienstvertragsrecht, Werkvertrags- oder Auftragsrecht betroffen ist.

---

[39]OLG Hamburg NJW-RR 2005, 52.

[40]Klas/Möhrke-Sobolewski, NJW 2015, 3473, 3477.

[41]wie vor.

[42]Herzog in: Stellungnahme DAV 34/2013, S. 44.

Je nach rechtlicher Einordnung sind sodann die Regelungen der AGB über die Beendigung des Vertrages aus Anlass des Todes einerseits sowie über sich daraus ergebende Rechtsfolgen zu betrachten.

Offensichtlich ist, dass die Provider das Thema des digitalen Nachlasses gänzlich unterschiedlich handhaben. Die Regelungspraxis in diesem Bereich ist vielfältig.[44] Die Vorgaben reichen von dem Erfordernis der Vorlage eines Erbscheins (wie beispielsweise GMX) bis hin zur vollständigen Löschung der Daten. Facebook hingegen versetzt das Konto eines Nutzers in den sog. „Gedenkstatus", ohne dass die Erben Zugriff auf die Inhalte des Nutzungskontos erlangen können.

Viele dieser Regelungen stoßen dabei auf rechtliche Bedenken.[45] Haben Erben im Ergebnis keinen Zugriff auf die gespeicherten Daten, etwa weil diese auch ohne Anweisung des Erblassers automatisch gelöscht werden können, oder aber wie bei Facebook durch die Einrichtung des Gedenkzustands quasi versperrt sind, so dürften solche Klauseln unwirksam sein.[46] Auch Klauseln, nach denen das Vertragsverhältnis automatisch mit dem Tode des Nutzers erlöschen soll, dürften den Anforderungen an Allgemeine Geschäftsbedingungen nicht standhalten.[47] Ob sich eine Unwirksamkeit ergibt, ist stets von den Umständen des Einzelfalls abhängig und mangels obergerichtlicher Rechtsprechung zurzeit noch nicht sicher absehbar.[48] Dass solche Klauseln unabhängig von ihrer Vereinbarkeit mit deutschen AGB-Standards trauernde Angehörige aber nicht selten davon abhalten dürften, eine kostspielige und zeitintensive Diskussion mit dem Diensteanbieter zu führen bzw. gar eine gerichtliche Auseinandersetzung, ist jedenfalls zu vermuten.

Anders sind Klauseln zu beurteilen, die sich auf den erforderlichen Legitimationsnachweis beziehen. Solche dürften grundsätzlich als wirksam anzusehen sein, weil sie durch ein legitimes Sicherungsinteresse des Verwenders gedeckt sind.[49] Ob die Verwender weitere Legitimationsdokumente über Erbschein und Testamentsvollstreckerzeugnis hinaus verlangen dürfen, ist fraglich. Umstritten ist auch, ob in Allgemeinen Geschäftsbedingungen geringere Anforderungen an den Nachweis der Erbenstellung vereinbart werden können.[50]

---

[43]Redeker in: Stellungnahme DAV 34/2013, S. 59.

[44]Deusch, ZEV 2014, 2, 3.

[45]Kutscher, S. 116 ff.

[46]so auch: LG Berlin DNotZ 2016, 537, 541.

[47]Redeker in: Stellungnahme DAV, 34/2013, S. 62.

[48]Raude, RNotZ, 2017, 17, 23.

[49]wie vor.

[50]vgl. Redeker in: Stellungnahme DAV, S. 63.

Besonders kritisch sind die Allgemeinen Geschäftsbedingungen von Yahoo zu betrachten. Danach ist für den Fall, dass ein Erbe den Account-Inhalt des verstorbenen Nutzers erhalten möchte, unter anderem ein irischer Gerichtsbeschluss notwendig, der die Offenlegung des Kontoinhalts verlangt.[51]

Die Problematik in der Praxis ist demnach, dass die Nutzungsbedingungen der Diensteanbieter weder einheitlich noch stets rechtswirksam sind. Dies führt dazu, dass wiederum der Erbe derjenige ist, der sich mit der Auseinandersetzung mit dem Diensteanbieter konfrontiert sieht mit den sich daraus ergebenden Folgen – Kosten, Zeitverzug, schlussendlich ungewisser Ausgang.

### 4.3.5 Fehlende Kenntnis der Zugangsdaten

Es gibt eine weiteres, ganz praktisches Schwierigkeit: Unterstellte man den Willen des Providers, den Berechtigten Zugang zum Account zu gewähren, so stößt dieser dort an seine Grenzen, wo sich ein Internetnutzer zur Anmeldung insbesondere bei kostenlosten Online-Diensten eines Pseudonyms bedient hat, sodass seine wahre Identität nicht bekannt ist.[52] Kann sich in so einem Fall der Provider nicht zweifelsfrei von der Identität des Nutzers überzeugen, sind die Online-Konten samt Inhalt im Erb- oder Vorsorgefall möglicherweise verloren.[53]

### 4.3.6 „Zero-Knowledge"

Erwähnt werden soll letztlich eine Fallgestaltung, die aber zunehmend an Bedeutung gewinnt, und zwar die Verschlüsselung von Daten. Nicht nur lokale Daten, sondern auch Daten in der Cloud oder E-Mails können verschlüsselt werden. Was man als Briefgeheimnis für elektronische Korrespondenz bezeichnen könnte, nennt sich auch „Zero-Knowledge" oder „Ende-zu-Ende-Verschlüsselung". Diese Technik verhindert, dass der Diensteanbieter Kenntnis von und Zugang zu den gespeicherten oder versandten Inhalten hat. Sowohl bei verschlüsselten E-Mails, Cloud-Daten oder lokal gespeicherten Daten sind diese bei ausreichend starker Verschlüsselung für Rechtsnachfolger und Vertreter bei Unkenntnis des Passworts verloren.[54]

---

[51]https://de.hilfe.yahoo.com/kb/SLN26120.html.
[52]Brinker/Stolze/Heidrich, ZD 2013, 153, 155 f.
[53]Gloser, MittBayNot 2016, 12, 19.
[54]wie vor.

## 4.4    Handhabung der Rechtsprechung – Urteil des Landgerichts Berlin vom 17.12.2015, Az. 20 O 172/15[55]

Dass das Thema des digitalen Nachlasses zunehmend an Bedeutung gewinnt, die der immer stärker ausgeprägten Digitalisierung geschuldet ist, wurde eingangs bereits beschrieben. In der allgemeinen Medienlandschaft wie auch in der Fachliteratur wurde, wie die vorstehenden Ausführungen zeigen, schon vielfach über den digitalen Nachlass diskutiert.

Nun jedoch dürfte das Thema auch deshalb besondere Beachtung gewinnen, weil es mittlerweile ein erstes Gerichtsurteil zu der Frage gibt, wie der digitale Nachlass aus rechtlicher Sicht zu behandeln ist. Der Fall ist exemplarisch für die im Zusammenhang mit dem digitalen Nachlass diskutierten, und bereits näher beleuchten Problemkreise und die Handhabung des Themas durch einzelne Diensteanbieter.

Wie so oft hatte sich das Gericht dabei nicht mit allen in diesem Zusammenhang maßgeblichen Aspekten auseinanderzusetzen; erste aktuell kontrovers diskutierte und wichtige Fragen sind allerdings jedoch – zumindest vorerst – beantwortet.

Das Landgericht Berlin hatte folgenden Fall zu entscheiden:

Klägerin war die Mutter einer im Jahr 2012 im Alter von 15 Jahren verstorbenen Tochter. Beklagte war die Facebook Ireland Ltd. Die Tochter hatte sich mit 14 Jahren bei Facebook registriert. Ihren Eltern waren die Zugangsdaten bekannt, weil sie dies ihrer Tochter zur Bedingung für die Registrierung gemacht hatten. Die Tochter starb, nachdem sie in einem U-Bahnhof unter ungeklärten Umständen von einer einfahrenden Bahn erfasst wurde.

Die Klägerin hoffe darauf, über den Facebook-Account ihrer Tochter Informationen über mögliche Absichten und Motive der Tochter für einen eventuell vorliegenden Suizid zu erhalten. Trotz bekannter Zugangsdaten war ihr dies jedoch nicht möglich, weil Facebook das Benutzerkonto der Tochter, wie sie nach dem Einloggen feststellen musste, in einen sogenannten Gedenkzustand versetzt hatte. Dieser Gedenkzustand bewirkte, dass ein Zugang zum Benutzerkonto nicht mehr möglich war, sondern lediglich Freunde Kondolenznachrichten auf der Pinnwand der Verstorbenen posten konnten. Nach Angaben der Beklagten wurde die Akti-

---

[55]in: ZErb 2016, 109–115; MDR 2016, 165.

vierung des Gedenkzustands durch einen der Klägerin nicht näher bekannten Nutzer veranlasst, dessen Namen die Beklagte aus datenschutzrechtlichen Gründen nicht mitteilte.

Die Mutter der Erblasserin war der Auffassung, dass die Gedenkzustandsrichtlinie unwirksam sei und den Erben Zugang zum vollständigen Benutzerkonto sowie den darin vorgehaltenen Kommunikationsinhalten zu gewähren ist.

Die Beklagte hingegen vertrat die Auffassung, dass die Eltern der Erblasserin das Profil ihrer Tochter nicht hätten erben können; eine Vergleichbarkeit mit klassischen Postdienstleistungen scheide insoweit aus. Sie war ferner der Meinung, das Datenschutzrecht stünde dem Begehr der Klägerin entgegen.

**Kernaussagen des Urteils**

- Die Gesamtrechtsnachfolge gilt auch für höchstpersönliche Daten im digitalen Nachlass. Die Erblasserin hatte mit dem Diensteanbieter aufgrund des abgeschlossenen Vertrages das Recht, auf die Server zuzugreifen. Dieses Recht ist zusammen mit dem bestehenden Vertragsverhältnis auf die Erben übergegangen.
- Die Ansicht, nach der nur die vermögensrechtlichen Teile des digitalen Nachlasses, nicht hingegen die nicht vermögensrechtlichen vererblich sein sollen, ist abzulehnen; eine eindeutige Bestimmung des vermögensrechtlichen Charakters eines Teils des digitalen Nachlasses ist praktisch nicht möglich und ist den erbrechtlichen Regelungen auch fremd.
- Der digitale Nachlass ist wie der in der analogen Welt zu behandeln. Eine abweichende Behandlung lässt sich nicht rechtfertigen und würde dazu führen, dass Briefe und Tagebücher unabhängig von ihrem Inhalt vererblich wären, E-Mails hingegen nicht.
- Das Fernmeldegeheimnis muss hinter dem Erbrecht zurückstehen. Einer Einwilligung der Kommunikationspartner der Erblasserin bedarf es nicht, wenn das Verschaffen von Kommunikationsinhalten im Rahmen des für die geschäftsmäßige Erbringung erforderlichen Maßes liegt. Da die Beklagte grundsätzlich nach erbrechtlichen Vorschriften auch verpflichtet ist, der Erbengemeinschaft den zu ihrem Nachlass gehörigen Account zugänglich zu machen, ist das erforderliche Maß als gewahrt anzusehen.
- Auch das Datenschutzrecht muss hinter dem Erbrecht zurückbleiben. In Bezug auf die Erblasserin ist das BDSG schon deshalb nicht anwendbar, weil es keinen Schutz von Toten bezweckt. Mit Bezug auf die Daten Dritter gilt zwar grundsätzlich, dass hier das BDSG zur Anwendung kommt, da es den Einzelnen davor schützen soll, dass er durch den Umgang mit seinen personenbezogenen

Daten in seinem Persönlichkeitsrecht beeinträchtigte wird. Jedoch ist das Erbrecht vorrangig zu beachten. Vertrauliche Briefe, die ein Dritter verschickt habe, würden nach dem Tod des Empfängers von den Erben gelesen werden können, ohne dass ein Eingriff in die Rechte dieser Dritten vorliege. Nichts Anderes gelte für digitale Daten.

- Die Vererblichkeit des schuldrechtlichen Nutzungsverhältnisses mit Facebook ist auch nicht wegen besonderer Personenbezogenheit des Nutzungsvertrages ausgeschlossen. Zwar ist dies bei schuldrechtlichen Verhältnissen dann der Fall, wenn deren Inhalt in einem solchen Maße auf die Personen des Berechtigten zugeschnitten sei, dass bei einem Subjektswechsel die Leistung in ihrem Wesen verändert wird. Der Nutzungsvertrag – wie hier mit Facebook – werde aber regelmäßig ohne nähere Prüfung des Nutzers abgeschlossen. Seine Identität werde nur in Ausnahmefällen kontrolliert.

- Nutzungsbedingungen zum Gedenkzustand sind nach §§ 305 ff. BGB unwirksam, weil sie das Erbrecht aushöhlen. Die in den Nutzungsbedingungen der Beklagten getroffene Regelung, dass eine beliebige Person der sogenannten „Freundesliste" der Erblasserin eine Versetzung des Profils in den Gedenkzustand veranlassen kann und eine Anmeldung des Kontos selbst mit gültigen Zugangsdaten für die Erben dann nicht mehr möglich ist, stellt eine unangemessene Benachteiligung der Nutzer und ihrer Erben dar.

- Das postmortale Persönlichkeitsrecht steht der Zugangsgewährung nicht entgegen. Eine Verletzung des postmortalen Persönlichkeitsrechts ist nicht zu befürchten. Dies gilt jedenfalls dann, wenn wie im vorliegenden Fall die Erblasserin ein 15-jähriges Kind ist. Hier sei die Klägerin als neben dem Vater sorgeberechtigte Person dazu legitimiert, sich Kenntnis darüber zu verschaffen, wie und mit welchen Inhalten das Kind im Internet kommuniziert hat.

Das Urteil wird in der Literatur mitunter als „Meilenstein"[56] bei der rechtlichen Beurteilung des digitalen Nachlasses bezeichnet und ist in der Literatur grundsätzlich auf Zustimmung gestoßen.[57] Insbesondere die Anwendung der Grundsätze der Gesamtrechtsnachfolge unabhängig vom Inhalt der digitalen

---

[56]Litzenburger, FD-ErbR 2016, 375 ff.

[57]Gloser, MittBayNot 2016, 101, 102.

Kommunikation und die kritische Beleuchtung der AGB der Diensteanbieter wurden begrüßt.[58]

Gleichwohl ist anzumerken, dass Facebook Ireland Ltd. gegen das Urteil beim zuständigen Kammergericht Berufung eingereicht hat. Ob die Rechtsauffassung des Landgerichts Berlin im Berufungsverfahren bestätigt wird, bleibt demnach abzuwarten.[59]

Die rechtlichen Unsicherheiten im Bereich des digitalen Nachlasses werden daher die Praxis noch einige Zeit begleiten.[60]

---

[58]LG Berlin DNotZ 2016, 537, 547 ff. Anm. Gloser.

[59]Am 25.04.2017 fand die Berufungsverhandlung vor dem Kammergericht Berlin statt (Az. 21 U 9/16). Das Gericht regte einen Vergleich an und räumte den Parteien bis zum 09.05.2017 Frist ein, zu erklären, ob ein Vergleich in dieser Sache möglich ist. Andernfalls wurde Verkündungstermin auf den 30.05.2017 bestimmt (vgl. hierzu Pressemitteilung des Kammergerichts Berlin unter https://www.berlin.de/gerichte/presse/pressemitteilungen-der-ordentlichen-gerichtsbarkeit/2017/pressemitteilung.585181.php). Das Zustandekommen eines Vergleichs konnte bis zum 12.05.2017 nicht vom Gericht bestätigt werden.

[60]Raude, RNotZ 2017, 17, 18.

# Auswirkungen für die Praxis 5

Wenn nun die Gesetzeslage unklar, die Meinungsvielfalt groß und Absicherung durch Rechtsprechung nahezu nicht vorhanden ist, stellt sich die Frage, wie gleichwohl der Einzelne für sich eine adäquate Lösung finden kann, die zum einen seine Interessen widerspiegelt und zugleich für Angehörige und Erben praktikabel ist.

Wie so oft liegt die Lösung ganz nah: Man muss die Dinge selbst in die Hand nehmen. Konkret bedeutet dies, zu Lebzeiten und rechtzeitig Vorsorge zu betreiben. Sie ist sogar auf diesem Gebiet, das gelegentlich als „terra incognita"[1] bezeichnet wird, unerlässlich und der praktikabelste Weg. Gleichwohl haben neun von zehn Internetnutzern ihren digitalen Nachlass nicht geregelt.[2]

Dabei betrifft die Vorsorge zum einen die Frage, wer Zugang zu den digitalen Daten erhalten soll. Hierauf beziehen sich die nachfolgenden Ausführungen zu den Vorsorgeinstrumenten Testament und Vorsorgevollmacht. Zum anderen geht es um das Zugänglichmachen der Zugangsdaten selbst, um von vornherein die geschilderten Probleme und Diskussionen mit den Anbietern im Todes- bzw. Vorsorgefall zu umgehen. Eine Kombination beider Vorgehensweisen ist ideal; die gleichzeitige Aufbereitung in einem Dokument hingegen nicht unbedingt ratsam.

---

[1]Martini, JZ 2012, 1145, 1152.

[2]Ergebnis einer Umfrage des Branchenverbands BITKOM; https://www.bitkom.org/Presse/Presseinformation/Neun-von-zehn-Internetnutzern-haben-ihren-digitalen-Nachlass-nicht-geregelt.html.

© Springer Fachmedien Wiesbaden GmbH 2017
S. Funk, *Das Erbe im Netz,* essentials,
DOI 10.1007/978-3-658-18396-7_5

## 5.1    Testamente

Der eigene Tod ist gemeinhin ein Thema, mit dem sich die Mehrheit der Bevölkerung nicht oder nur unzureichend beschäftigt. Laut einer Studie des IFD Allensbach aus dem Jahr 2015[3] haben nur 36 % der Bevölkerung ein Testament errichtet.[4] Dies obwohl es zahlreiche Konstellationen gibt, in denen das gesetzliche Erbrecht Personen begünstigt, von denen der Erblasser – würde er danach gefragt – nicht beerbt werden wollte.[5]

Doch nicht nur die generelle Überlegung, durch wen man beerbt werden möchte, sollte jeder einmal anstellen; vielmehr gilt dies insbesondere auch mit Blick auf die vorstehenden Ausführungen zum digitalen Nachlass. Soll das digitale Vermögen in den Nachlass fallen, was zur Berechtigung der Erben führt, oder sollen andere Personen als die sonstigen Erben hieran berechtigt sein? Oder möglicherweise niemand? Zu denken ist hier beispielsweise an private Daten, die die Hinterbliebenen möglicherweise überraschen und verletzen würde. Je nach persönlicher Vorstellung ist ein Testament unerlässlich.

So viel Ungewissheit im Bereich des digitalen Erbes auch besteht, so einig ist man sich in der Literatur darüber, dass die vom Erblasser im Testament getroffenen Regelungen für die Vertragspartner des Erblassers bindend sind.[6]

Wer einwendet, er habe gar keinen Grund, ein Testament zu errichten, weil er die gesetzliche Erbfolge für sich als passend erachtet und darüber hinaus auch keine sonstigen Anordnungen von Todes wegen treffen möchte, dem sei gesagt, dass er dies auch nicht notwendigerweise tun muss. Oftmals findet sich beim juristischen Laien die Vorstellung, ein Dokument sei nur dann ein Testament, wenn es Regelungen zur Erbeinsetzung bzw. Enterbung enthalte. Dem ist jedoch nicht so. Ein Testament liegt immer schon dann vor, wenn zumindest eine Anordnung von Todes wegen beinhaltet ist. Der Testamentstext kann sich also darauf beschränken, einzig und allein den digitalen Nachlass zu regeln und bedarf darüber hinaus keiner weiteren Regelungen.

---

[3]Studie vom Institut für Demoskopie Allensbach, durchgeführt im Auftrag der Deutschen Bank. Dabei wurden im Zeitraum 01. Bis 31.07.2015 insgesamt 1.651 Personen befragt, die einen repräsentativen Querschnitt der Bevölkerung ab 16 Jahre in der BRD bilden.

[4]Dabei nehmen Personen von 65 Jahren oder älter mit 55 % den größten Anteil ein.

[5]Die gesetzliche Erbfolge ist immer dann maßgeblich, wenn keine Verfügung von Todes wegen (Testament oder Erbvertrag) vorliegt.

[6]Hoeren, NJW 2005, 2113, 2117; Martini, JZ 2012, 1145, 1149, 1154; Brisch/Müller-ter Jung, CR 2013, 446, 449.

In welcher konkreten Ausgestaltung der Erblasser am besten testamentarisch verfügt, ist eine Frage des Einzelfalls und natürlich an die individuellen Vorstellungen des Erblassers gekoppelt. Zunächst ist zu entscheiden, ob, in welchem Umfang und wer Zugang zu den digitalen Erblasserdaten erhalten soll.

Folgende Anordnungen kommen exemplarisch in Betracht:

- Der Erblasser kann bestimmen, dass seine sämtlichen Daten nach seinem Tod gelöscht werden sollen. In diesem Fall ist den Providern das Testament zur Kenntnis zu bringen. Grundsätzlich sind hierzu die Erben befugt und verpflichtet. Das Testament werden sie entweder im Nachlass gefunden haben, oder ein bei Gericht hinterlegtes wurde vom Gericht eröffnet.
- Es kann angeordnet werden, welchen Personen – Erben, Angehörigen oder Dritten – die Daten zugänglich zu machen sind.
- Ferner ist denkbar, dass der Erbe angewiesen wird, nur bestimmte Daten löschen zu lassen, andere wiederum nicht.
- Auch muss nicht immer die Gesamtheit der „digitalen" Vertragsverhältnisse auf die Erben übergehen. Mittels Vermächtnisanordnung lässt sich beispielsweise auch bestimmen, dass nur bestimmte Vertragsverhältnisse auf die Erben übergehen, im Übrigen aber eine andere Person berechtigt sein soll. So lassen sich Informationen aus der Kommunikation des Erblassers einer Person zuweisen, während bspw. Dateien mit digitalen Fotos einer weiteren Person zur Nutzung zugewiesen werden.[7]
- Um die Gefahr abzumildern, dass der Erbe den Anweisungen des Erblassers nicht nachkommt, besteht die Möglichkeit der Anordnung einer Testamentsvollstreckung. Im Rahmen einer Handlungsanweisung kann der Erblasser der zum Testamentsvollstrecker ernannten Person eine Handlungsanweisung mit auf den Weg geben. Darin lässt sich bestimmen, was der Testamentsvollstrecker über die Konstituierung des Nachlasses hinaus tun soll. So kann er bspw. angehalten werden, nur bestimmte Komponenten des digitalen Nachlasses an auserwählte Personen weiterzuleiten oder aber auch zu löschen, ohne diese über andere Inhalte zu informieren.[8] Dies kann insbesondere dann eine sinnvolle Anordnung sein, wenn der Erblasser sicherstellen möchte, dass seine Erben gewisse Informationen nicht zu Gesicht bekommen.[9] Der Testaments-

---

[7]Hoor, ZAP 2016, 1127.

[8]Hoor, ZAP 2016, 1127.

[9]Herzog in: Stellungnahme DAV 34/2013, S. 56.

vollstrecker hat den Willen des Erblassers zu beachten und die erforderlichen Schritte in die Wege zu leiten.

In jedem Fall muss das Testament – gleich, wie umfangreich die Anordnungen sind – wirksam errichtet werden, wozu neben bestehender Testierfähigkeit die formalen Anforderungen berücksichtigt werden müssen. So muss ein Testament zwingend entweder notariell beurkundet werden oder aber eigenhändig geschrieben und unterschrieben werden.[10]

Über die im Testament enthaltene Bestimmung hinaus, wer hinsichtlich welcher Daten berechtigt sein soll, lässt sich überlegen, ob das Testament schon eine Auflistung einer in Betracht kommenden Vertragsbeziehungen samt Zugangsdaten enthalten sollte. Denn ohne letztere Information ist die Berechtigungsbestimmung letztlich wertlos, würde die Zugangsproblematik mit den Diensteanbietern wieder aktuell werden. Die Frage, ob es sinnvoll ist, ein „Paket" in einem einzigen Dokument zu schnüren, hängt vor allen Dingen mit der Bewertung der Praktikabilität zusammen.

Beinhaltet das Testament selbst schon eine Aufzählung sämtlicher digitaler Geräte, der Onlinekonten, Abos, Profile, E-Mail-Accounts etc., und werden die dazugehörigen Zugangsdaten wie Kennwörter und Passwörter mit aufgelistet, so findet sich zwar einerseits alles in einem Dokument wieder; wird jedoch nach Testamentserrichtung auch nur ein Passwort geändert oder kommt auch nur eine Onlinevertragsbeziehung hinzu, so muss jede Änderung wiederum testamentarisch berücksichtigt werden. Es bedarf also stets einer Ergänzung des Testaments oder des Widerrufs des vorherigen und Verfügung eines neuen. Andernfalls liegt insoweit eine Lücke vor, was in der Regel gerade nicht gewünscht sein dürfte.

Wird ein Testament nach Errichtung zuhause aufbewahrt, so lassen sich Änderungen vergleichsweise leicht bewältigen, wenn man den damit verbunden (Schreib-)aufwand nicht scheut. Allerdings kann das Aufbewahren eines Testaments zu Hause Sicherheitsrisiken mit sich bringen. Es ist im Einzelfall nicht auszuschließen, dass das Testament in unberechtigte Hände fällt, sei es zu Lebzeiten oder unmittelbar nach dem Tod. Auch kommt es immer wieder einmal vor, dass Testamente schlichtweg unauffindbar sind, weil möglicherweise der Erblasser im Zuge einer Demenzerkrankung das Dokument, ohne sich dessen bewusst zu sein, verlegt oder vernichtet hat. Denkbar ist auch ein Wohnungsbrand.

---

[10]Auf Sonderformen von Testamenten, sog. Nottestamente, soll hier nicht näher eingegangen werden.

Ein weiterer Nachteil der gleichzeitigen Anordnung von Berechtigung und Übersicht über Konten und Zugangsdaten liegt vor, weil vom Testament gleich mehrere Personen Kenntnis erlangen: Zunächst gelangt die Verfügung von Todes wegen an das Nachlassgericht, wo sie eröffnet und ihr Inhalt sodann an die Beteiligten (wozu neben den Erben bspw. auch Vermächtnisnehmer gehören) schriftlich weitergegeben wird. Vielfach werden auch die pflichtteilsberechtigten Personen informiert. Dass diese gleichermaßen vom digitalen Nachlass Kenntnis erlangen sollen, ist vermutlich nicht gewünscht.[11] Dass bei im Klartext aufgeführten Zugangsberechtigungen schon lange vor der Übernahme der Benutzerkonten durch den materiell Berechtigten oder einen Testamentsvollstrecker Missbrauchspotenzial für einen weiten Personenkreis besteht, liegt auf der Hand.[12]

Vorstehende Risiken lassen sich umgehen, wenn das Testament in die amtliche Verwahrung des zuständigen Amtsgerichts gegeben wird. Zudem werden von dort die relevanten Verwahrangaben an das sog. Zentrale Testamentsregister weitergeleitet, ein von der Bundesnotarkammer betriebenes Register, das dem sicheren Auffinden von amtlich verwahrten erbfolgerelevanten Urkunden dient. Ein beim Notar beurkundetes Testament wird automatisch in die amtliche Verwahrung des Gerichts gegeben. Zur Änderung des Testaments bedarf es vorsichtshalber der Rücknahme eines vorherigen Testaments aus der amtlichen Verwahrung, was mit einem gewissen Aufwand verbunden ist. Will man das neuerliche Testament wiederum beurkunden, fallen erneut Notargebühren an.

Die gleichzeitige Bestimmung, wer Berechtigter sein soll, und Nennung der Zugangsdaten, macht daher wohl nur in folgenden Fällen Sinn: Der Erblasser verfasst sein Testament anlässlich einer Krankheit und es ist unwahrscheinlich, dass er an seinem Internetverhalten noch viel ändern wird. Passwörter und Vertragsbeziehungen bleiben statisch. Oder aber, eine Person hat überhaupt nur eine sehr überschaubare Internetaktivität und es ist nicht zu vermuten, dass mehr als das hinzukommt, was im Testament geregelt ist. In allen anderen Fällen ist das separate Anlegen einer Dokumentation zu Accounts und Anmeldedaten sinnvoll.

Während sich der vorstehende Abschnitt mit der Notwendigkeit eines Testaments befasst, ist auch der Fall zu bedenken, dass zwar ein Internetnutzer nicht verstirbt, es ihm aber nicht möglich ist, selbst auf seine Onlinekonten zuzugreifen. Dies ist namentlich dann der Fall, wenn er aus gesundheitlichen Gründen

---

[11]Gloser, MittBayNot 2016, 101, 104.
[12]Gloser, DNotZ 2015, 4 ff.

vorübergehend oder dauerhaft verhindert ist, seine Angelegenheiten selbst zu regeln. Deshalb sind Vorsorgevollmachten ebenfalls ein wichtiges Thema im Vorsorgebereich und sollten bei der Überlegung, was bei der Regelung der eigenen Angelegenheit auf der Agenda steht, unbedingt mitbeachtet werden – generell und auch mit Bezug auf den digitalen Nachlass.

Gerade auch zu Lebzeiten ist es wichtig, dass eine Vertrauensperson Zugriff auf digitale Inhalte erhält, etwa um kostenpflichtige Leistungen kündigen oder auf Guthaben beispielsweise bei PayPal oder ähnlichen Diensten zugreifen zu können.[13]

Die Sensibilisierung der Bevölkerung, Vorkehrung für das Alter oder aber Krankheit und Unfall zu treffen, ist in den letzten Jahren stark gestiegen. So treffen immer mehr – auch jüngere – Menschen Anordnungen für den Fall, dass sie sich selbst nicht mehr um alles Wesentliche, sei es im vermögensrechtlichen oder persönlichen Bereich, kümmern können. Das Gestaltungsinstrument hierfür ist die sogenannte Vorsorgevollmacht, vielfach ergänzt durch eine Patientenverfügung.

Vorsorgevollmachten liegt in der Regel ein Auftragsverhältnis zugrunde. Sie sind zumeist als Generalvollmachten ausgestaltet, die den Bevollmächtigten in die Lage versetzen sollen, möglichst vollumfänglich für den Vollmachtgeber tätig zu werden. Daher findet sich in ihnen in der Regel der Hinweis, dass sie unbeschränkt für alle vermögensrechtlichen und persönlichen Angelegenheiten gelten sollen. Im Anschluss daran wird regelmäßig sodann zur Klarstellung und exemplarischen Auflistung ein Aufgabenkatalog für das jeweilige Regelungsgebiet angeführt. Dabei steht es selbstverständlich jedem Vollmachgeber frei, einzelne Aufgabenbereiche von der Vollmacht ausdrücklich auszuklammern oder aber umgekehrt ausdrücklich zu erwähnen.

Ob die herkömmlichen Vorsorgevollmachten, wie sie im Internet abrufbar sind oder aber individuell auf den Mandanten zugeschnitten von Rechtsanwälten und Notaren in der Vergangenheit entworfen wurden, auch in Bezug auf den digitalen Aspekt des Nachlasses noch ausreichend sind, bedarf einer genaueren Betrachtung. Denn die sich in diesem Zusammenhang stellende Frage ist keine solche aus dem rechtlichen, sondern vielmehr dem tatsächlichen Bereich. Auch hier geht es wieder darum, für Transparenz und Praktikabilität zu sorgen, um spätere Diskussionen und Streitigkeiten möglichst zu vermeiden.

Ein Beispiel: Eine Vorsorgevollmacht, die zwar als Generalvollmacht ausgestaltet ist, aber eine im Folgenden weitere Auflistung einzelner Tätigkeitsbereiche

---

[13]wie vor.

vermissen lässt, ist rechtlich betrachtet wirksam und ausreichend, um von einem behandelnden Arzt der vertretenen Person Einsicht in deren Patientenakte zu verlangen. Dies ergibt ist daraus, dass die Vollmacht als *General*vollmacht formuliert ist und damit für alle denkbaren Fallkonstellationen gilt. Ob der Arzt jedoch – möglicherweise lediglich aufgrund von Unkenntnis – tatsächlich Auskunft erteilt, wenn er den Vorsorgepunkt „Einsicht in medizinische Unterlagen" mit keinem Wort erwähnt findet, mag gleichwohl bezweifelt werden. Er wird sich leichter tun, dem Bevollmächtigten Auskunft zu geben, wenn er die Einwilligung des Vertretenen schwarz auf weiß liest.

Gerade in dem juristisch noch wenig erschlossenen Gebiet des digitalen Nachlasses stellt sich womöglich dieselbe Problematik, wenn ein Provider Zugangsdaten für den E-Mail-Account eines Betroffenen herausgeben soll. Er macht sich Gedanken, ob er mit der Zurverfügungstellung von Passwörtern und damit Zugang zum Account gegen Datenschutzrecht verstößt, das allgemeine Persönlichkeitsrecht missachtet und das Telekommunikationsgesetz unberücksichtigt lässt.

Überall da aber, wo ein Gegenüber, ein Vertragspartner, sich über die rechtliche Bewertung de facto nicht sicher ist und daher nicht weiß, wie er reagieren muss, sollte von vornherein für Klarheit gesorgt werden. Es ist demnach ratsam, die Handhabung des digitalen Vermögens explizit in der Vorsorgevollmacht zu erwähnen.

Ergänzt werden sollte die Vollmacht, die im Rechtsverkehr mit Dritten, dem sogenannten „Außenverhältnis", bei Vorlage eines Originals unbeschränkt ist, durch eine möglichst konkrete Anweisung im „Innenverhältnis."[14] Dieses bezieht sich auf das Verhältnis von Vollmachtgeber und Vollmachtnehmer und ermöglicht ersterem, vorzugeben, wie mit der Vollmacht verfahren werden soll.

Sinnvoll ist, die Vollmacht als sogenannte transmortale Vollmacht auszugestalten. Die Vollmacht behält damit über den Tod hinaus Gültigkeit und erleichtert so die Übergangszeit zwischen Todesfall und Vorliegen des Erbscheins bzw. eines Testamentsvollstreckerzeugnisses.

Was die Form angeht, so ist eine solche für die Vorsorgevollmacht nicht zwingend vorgeschrieben; jedoch ist die Schriftform schon zu Beweiszwecken im Rechtsverkehr dringend anzuraten. Ob eine Vorsorgevollmacht darüber hinaus ggf. notariell beurkundet oder beglaubigt werden sollte, ist einzelfallabhängig und ist auch durch die übrigen in der Vollmacht geregelten Punkten bedingt.

---

[14]wie vor.

Ob die Anordnungen – für jedermann sichtbar – in den Text der Vollmacht aufgenommen werden oder aber in einem zusätzlichen Dokument fixiert werden, bedarf der Überlegung im Einzelfall. Generell gelten in diesem Punkt die zum Testament gemachten Ausführungen. Parallel zur dortigen Betrachtung wird auch der Vollmachtstext einer Vielzahl von Personen zugänglich gemacht werden, dient doch die Vorlage der Vollmacht zur Legitimation im Rechtsverkehr. Auch das Argument, dass Daten der Abänderung bedürfen bei Passwortänderungen etc. ist hier einschlägig. Daher dürfte es ebenfalls eher nicht ratsam sein, die Zugangsdaten ausdrücklich in die Vollmachten mit aufzunehmen.[15]

## 5.2  Hinterlegung und Speicherung von Zugangsdaten

Werden Testament und Vorsorgevollmacht demnach verfasst, ohne dass die konkreten „digitalen Informationen" enthalten sind, so müssen diese zusätzlich dokumentiert werden; dies in einer Art und Weise, die einerseits das Auffinden gewährleistet, andererseits praktikabel ist und zudem soweit möglich sicherstellt, dass die Information nicht in falsche Hände gerät.

Niederzulegen sind sinnvollerweise alle Accounts samt dazugehörigen Zugangsdaten, sprich Anmeldedaten und Passwörtern. Da mittlerweile fast jeder ein Smartphone besitzt, das entweder per Android mit einem Google-Konto oder bei iPhones mit der Apple-ID verknüpft ist, kommen zur Erbmasse auch diese Daten hinzu.[16] Aus diesem Grund gehören auf die Dokumentationsliste auch SIM-PIN, Sperr-PIN oder Sperr-Passwort.[17]

Gelegentlich findet sich der Hinweis, eine Möglichkeit bestünde darin, seine Zugangsdaten zu hinterlegen. In dem Zusammenhang wird klassischerweise der Notar genannt. Auch sonstige Vertrauensträger kommen natürlich in Betracht wie der Bevollmächtigte des Nutzers oder sein künftiger Erbe. Doch scheint dieses Vorgehen nur auf den allerersten Blick eine gute Lösung zu sein. Tatsächlich lässt es auf den zweiten Blick an Eignung vermissen.

Zu häufig wird es nötig sein, die Liste der Zugangsdaten zu überarbeiten, sei es, weil infolge Vergessens von Passwörtern neue bereitgestellt werden oder

---

[15]Salomon, NotBZ 2016, 324, 328.

[16]Lang, c't 8/2015, 124.

[17]wie vor.

man den Sicherheitshinweis befolgt, eine regelmäßige Änderung der Passwörter vorzunehmen. Bei der Vielzahl an digitalen Vertragsbeziehungen, die wir heute haben, ist eine tagesaktuelle Zugangsdatenliste, beim Bevollmächtigten oder gar Notar hinterlegt, ein schwieriges Unterfangen und bedeutet Aufwand für den Nutzer und den Verwahrer gleichermaßen.

Denkbar ist es allerdings, ein Testament bzw. eine Vorsorgevollmacht durch eine notarielle Vorsorgeurkunde zu ergänzen. Dabei erstellt der Vollmachtgeber bzw. Testator eine digitale Liste seiner Online-Aktivitäten und der dazu gehörigen Passwörter, speichert diese auf einem lokalen Datenträger und verschlüsselt sie mit einem Masterpasswort.[18] Nur dieses Masterpasswort ist dann Gegenstand der notariellen Urkunde, die zugleich die Information beinhaltet, wem der Notar das Dokument zur Kenntnis bringen darf.[19]

Ein weiterer Vorschlag ist, eine Übersicht der Zugangsdaten in ein Bankschließfach legen. Auch hier dürfte aber der Aufwand, regelmäßig den Inhalt des Bankschließfaches zu aktualisieren, ebenso wenig praktikabel sein wie der wiederholte Gang zum Notar.

Die vielen Fragezeichen, die die Beschäftigung mit dem digitalen Nachlass auch in puncto Aufbewahrung hinterlässt, haben sich kommerzielle Anbieter in den letzten Jahren zunutze gemacht und bieten ihrerseits Produkte der „digitalen Vorsorge"[20] an.

So gibt es beispielsweise Passwort-Manager, die teils speziell auf das jeweilige digitale Endgerät zugeschnitten. Dadurch wird gewährleistet, dass der Zugriff dann möglich ist, wenn er benötigt wird, im Falle des Smartphones beispielsweise jederzeit und von überall. Die Passwortmanager stellen Datenbanken zur Verfügung, in die der Nutzer die Zugangsdaten zu seinen Accounts eingeben kann. Auf diese Art und Weise lassen sich auch geänderte Passwörter stets aktualisieren. Es gibt mitunter sogar Anbieter, die ihr Serviceangebot kostenfrei vorhalten. Unterm Strich muss bei der Nutzung eines Passwortmanagers nur noch ein Zugangscode hinterlegt werden, nämlich derjenige zum Passwortmanager selbst.

Diese Form der Passwortspeicherung birgt aber auch Risiken. So machen regelmäßig Nachrichten von Softwareproblemen und Sicherheitslücken die Runde. Es kann mithin nicht vollends ausgeschlossen werden, dass die Betreiberfirma selbst gehackt wird. Zu denken ist auch an den Fall einer möglichen

---

[18]Raude, RNotZ 2017, 17, 25.

[19]wie vor.

[20]so z. B. www.digitaleserbe.net.

Insolvenz des Dienstanbieters mit der Gefahr eines Datenverlustes.[21] Im Übrigen ist ferner denkbar, dass der Erblasser das Unternehmen überlebt.

Die profanste Möglichkeit, vielleicht wohl aber unterm Strich die am leichtesten in die Tat umsetzbare, ist es, diejenigen Daten, deren Auffinden man sicherstellen will, auf entsprechenden Speichermedien zuhause aufzubewahren.[22] Eine Übersicht über die vorhandenen Mitgliedschaften, Accounts, Vertragsverhältnisse etc. lässt sich elektronisch auf einem USB-Stick oder einer externen Festplatte passwortgeschützt speichern. Den künftigen Erben, einem Bevollmächtigten oder dem künftigen Testamentsvollstrecker ist von dem Aufbewahrungsort des Speichermediums sowie dem Passwort Kenntnis zu verschaffen.[23] Ergänzt wird diese Vorgehensweise vielfach um einen Hinweis auf den Aufbewahrungsort des Speichermediums und des Passworts in den privaten Unterlagen.[24]

Hat ein Erblasser sich für die Anordnung einer Testamentsvollstreckung entschieden, so ist es beispielsweise möglich, dieser Vertrauensperson die Dokumente in einem versiegelten Umschlag zu übergeben. Ebenso ist die Übergabe zu Lebzeiten an einen Bevollmächtigten denkbar. Praktischer ist es eventuell, der Vertrauensperson lediglich das Passwort des E-Mail-Accounts zu überlassen sowie eine Liste der übrigen existierenden Accounts, aber ohne die dazugehörigen Passwörter.[25] Im Ernstfall kann die Vertrauensperson, die dann Zugriff auf die E-Mail hat, die Passwörter der verschiedenen Dienste zurücksetzen lassen.[26]

Natürlich birgt auch die Führung einer solchen privat verwahrten Liste Risiken, ist es doch möglich, dass unbefugte Dritte sich Kenntnis von den Passwörtern verschaffen könnten oder die Liste im Ernstfall nicht aufzufinden ist[27] beziehungsweise gleich aus welchen Gründen abhanden kommt oder vernichtet wird.

Oftmals übersehen wird, dass Speichermedien wie bspw. Festplatten und USB-Sticks ein „Verfallsdatum" haben: Der USB-Stick hält die auf ihm gespeicherten Daten ohne Spannungsversorgung nur wenige Jahre.[28]

---

[21]vgl. Martini, JZ 2012, 1145, 1154; Deusch, ZEV 2014, 2, 7.

[22]Brinker/Stolze/Heidrich, ZD 2013, 153.

[23]Steiner/Holzer, ZEV 2015, 262, 266.

[24]Hoor, ZAP 2016, 1127.

[25]Scheuch, c't 8/2017, 118.

[26]wie vor; Scheuch weist darauf hin, dass es einige Diensteanbieter ermöglichen, die E-Mail-Adresse der Vertrauensperson als „Backup-Adresse" für den eigenen E-Mail-Account zu hinterlegen, so dass man gar kein Passwort mehr herauszugeben brauche.

[27]Salomon NotBZ 2016, 324, 328.

Eine lückenlose Sicherheit gibt es selten. Jedoch führt eine Kombination von mehreren Maßnahmen zur besten Lösung. Die Erstellung von Testament und Vorsorgevollmacht, kombiniert mit separat aufbewahrten Zugangsdaten, ist nach der momentanen Rechtslage die sicherste Art, Vorsorge zu treffen.

## 5.3    „Google-Testament"

Exemplarisch soll ein Dienstleistungsangebot der Firma Google vorgestellt werden, die seinen Kunden einen praktischen Weg anbietet, Vorsorge für die bei Google geführten Konten zu treffen. Was offiziell „Kontoinaktivitätsmanager" genannt wird, ist de facto eine „Online Testament" für bei Google hinterlegte Daten. Der Kontoinaktivitätsmanager ermöglicht es dem Kunden, selbst zu bestimmen und Google zur Kenntnis zu bringen, welche Personen Zugang zu seinen Google-Konten erhalten sollen, wenn diese über einen längeren Zeitraum inaktiv sind.

Der Kunde kann dabei zunächst einmal angeben, wie lange sein Konto weiterlaufen darf, ohne dass ein Log-in erfolgt. Nach Ablauf dieses Zeitraums wird das Konto dann jedoch nicht offiziell deaktiviert, sondern es wird dem Kunden eine Kontrollnachricht auf eine von ihm angegebene Telefonnummer zugesandt. Bleibt diese Nachricht ohne Reaktion, so wird je nach Wunsch des Kunden wie folgt verfahren:

Das Kundenkonto samt allen Inhalten wird sofort gelöscht. Alternativ besteht die Möglichkeit, im Vorfeld Mail-Adressen und Mobilfunknummern von bis zu zehn Personen anzugeben, die sodann von Google benachrichtigt werden, auf Wunsch mit einem vom Kunden vorgegebenen Text. Ergänzend kann festgelegt werden, dass und wem Zugriff auf die Konten einzuräumen ist.

Der theoretische Vorteil eines derartigen Dienstes liegt auf der Hand: viele Sterbefälle lassen sich – soweit es Google-Konten betrifft – weitaus unkomplizierter abwickeln als ohne diesen Service. Die deutliche Kommunikation unter Einbindung des potenziellen Erblassers selbst sorgt für klare Verhältnisse. Für den Anbieter erübrigt sich die Prüfung von Todesnachweisen und Erbscheinen, für die Angehörigen deren Beibringung. Der Anbieter handelt so, wie es vom Kunden vorab gewünscht und angeordnet wurde.

---

[28]Labs, c't 8/2017, 114.

Wie reibungslos die Abwicklung des digitalen Nachlasses mithilfe des Kontoinaktivitätsmanagers von Google in der Praxis funktioniert, ist nicht bekannt. Kritisch jedenfalls ließe sich einwenden, dass sich das Google-Testament nicht mehr an den erbrechtlichen Vorschriften des BGB orientiert, sondern „Lösungen am Erbrecht vorbei" schafft.[29]

## 5.4    Möglichkeiten der Erben nach dem Erbfall

Wenn eine Person keine Passwörter hinterlegt und keine Vorsorge getroffen hat durch Vorsorgevollmacht und Testament, sieht sich der Erbe bzw. Angehörige vor die Frage gestellt, auf welchen Wegen die betroffene Person im Internet aktiv war. Dies herauszufinden ist oft schwierig, zumal dann, wenn der Betroffene ein nahezu „papierloses Büro" geführt hat oder aber Dokumente nicht aufzufinden sind.

Die rechtliche Unsicherheit im Umgang mit dem digitalen Nachlass sowie die Tatsache, dass bei der Gestaltung von Testamenten und Vorsorgevollmachten das Thema bislang kaum Berücksichtigung gefunden hat, führte dazu, dass sich bereits einige kommerzielle Anbieter etablieren konnten, die ein lukratives Geschäftsmodell entwickelt haben.[30] Die – gelegentlich als „digitale Nachlassverwalter" bezeichneten – Firmen bieten den technisch meist nicht versierten und in Anbetracht der Trauerbewältigung oft überforderten Erben an, die Internetaktivität des Verstorbenen zu durchleuchten und bestehende Verträge und Accounts aufzufinden, ggf. zu kündigen oder zu löschen.

Heutzutage bieten auch viele Bestattungsunternehmen Hilfestellung im Umgang mit dem digitalen Erbe an, in dem sie ihrerseits mit entsprechenden Anbietern zusammenarbeiten und deren Dienstleistung den Kunden vermitteln, ohne dass sich die Trauernden direkt an die Anbieter wenden müssen.

Das Portfolio der Anbieter umfasst dabei die sog. Geräteanalyse wie auch die Internetkonten. Ziel ist die Ermittlung und Auflösung des gesamten digitalen Nachlasses.

Die Geräteanalyse ist das Fundament für die vollständige Suche nach dem digitalen Erbe.[31] Sie ermöglicht es, auch die Daten aufzufinden, die sich nicht im Internet recherchieren lassen. Möglich ist es bspw., dass BitCoins auf loka-

---

[29]Raude, RNotZ, 2017, 17, 23.

[30]wie vor.

[31]www.digitaleserbe.net.

len Datenträgern abgelegt wurden, ebenso wie Pseudonyme, die manch einer für Internetseiten wie Partnerbörsen verwendet. Die Analyse selbst umfasst sämtliche Geräte, die der Nutzer verwendet hat, wie PC, Smartphone, Tablet, CDs, USB-Sticks etc. Die Geräteanalyse umfasst zudem die Datensicherung sowie die Datenrettung oder Back-ups.

Zweites Tool der Anbieter ist die Internetsuche. Dabei wird das Netz nach allen in Betracht kommenden Profilen und Konten durchforstet, seien es Onlinebanken, Onlineshops, E-Mail-Konten, Webseiten, Verkaufsportale etc.

Wie immer stehen aber auch hier den Vorteilen gewisse Nachteile gegenüber. Wiederum ist das Vertrauensargument anzuführen. Zudem besteht auch hier die Gefahr, dass ein Anbieter insolvent wird oder seine Geschäftstätigkeit aufgibt. Nicht ausgeschlossen werden kann, dass selbst der technisch versierte Anbieter einzelne Vertragsbeziehungen übersieht.

Hinzu kommt, dass in dem Moment, in dem der Anbieter Erkenntnisse aus der Recherche gewinnen konnte, diese zunächst einmal in fremder Hand sind. Allein dieser Umstand widerspricht dem Sicherheitsgefühl Vieler. Ob es darüber hinaus im Interesse des Erblassers ist, dass unbekannte Dritte Zugriff auf seine persönlichen Daten erhalten, muss bezweifelt werden.[32]

Im Übrigen ist der Vollständigkeit halber zu erwähnen, dass die Inanspruchnahme dieser Dienste selbstverständlich Kosten verursacht. Wird die Suche pro Account berechnet, so kann unterm Strich eine nicht unbedeutende Summe zustande kommen.

Im Ergebnis mag allerdings der Rückgriff auf die Dienste des Anbieters dort ein guter Weg sein, wo der digitale Nachlass allzu unübersichtlich ist oder derjenige, der nun als Erbe oder Bevollmächtigter handlungsbefugt ist, aufgrund technischer Unkenntnis nicht weiß, wie er die auf einem Computer gespeicherten Daten sichten soll.

---

[32]so auch: Raude, RNotZ 2017, 17, 23.

# Fazit 6

Auch wenn der Begriff „digitaler Nachlass" es nicht vermuten lässt, so handelt es sich hierbei um ein durchaus lebendiges Thema. Die Rechtslage ist nicht statisch – im Gegenteil. Die noch bestehenden Unsicherheiten bei der Frage, wie mit Persönlichkeitsrechten und Datenschutz umzugehen ist, sowie die kaum vorhandene Rechtsprechung zeugen davon, dass dieser Teilaspekt des Erbrechts zukünftig noch von sich hören lässt. In dem Maße, wie sich die Technik weiterentwickelt, wird sich fortwährend die Notwendigkeit ergeben, rechtliche Lösungen zu finden.

In jedem Fall erfordert die momentane Rechtslage die Auseinandersetzung jedes Internetnutzers mit dem digitalen Nachlass und seinen rechtlichen Schwierigkeiten, aber auch Regelungsmöglichkeiten. Jeder sollte in der Lage sein, sein diesbezügliches Wissen und das Problembewusstsein umzusetzen, indem er rechtzeitig Vorsorge betreibt.

Testament und Vorsorgevollmacht, kombiniert mit einer stets aktuellen und vollständigen Auflistung aller Accounts und Zugangsinformationen, sind dabei das Mittel der Wahl. Ansonsten nimmt der Erblasser vielleicht seine Geheimnisse mit ins Grab – auch das kann eine Lösung sein.

© Springer Fachmedien Wiesbaden GmbH 2017
S. Funk, *Das Erbe im Netz,* essentials,
DOI 10.1007/978-3-658-18396-7_6

# Was Sie aus diesem *essential* mitnehmen können:

- Einstieg ins Thema digitaler Nachlass
- Überblick über die juristische Diskussion
- Impulse für eigene Vorsorgemöglichkeiten

© Springer Fachmedien Wiesbaden GmbH 2017
S. Funk, *Das Erbe im Netz,* essentials,
DOI 10.1007/978-3-658-18396-7

# Literatur


*ARD/ZDF* Onlinestudie des Jahres 2016, Kernergebnisse vom 12.10.2016, abrufbar unter http://www.ard-zdf-onlinestudie.de/fileadmin/Onlinestudie_2016/PM_ARD-ZDF-Onlinestudie_2016-final.pdf

*Deusch, Florian* Digitales Sterben: Das Erbe im Web 2.0, ZEV 2014, 2–8

*Deutsche Bank* (Hrsg.) Studie „Erben und Vererben", (Wissenschaftliche Bearbeitung Institut für Demoskopie Allensbach), 2015

*Bleich, Holger* Ableben 2.0, Wie mit den Internet-Hinterlassenschaften Verstorbener umzugehen ist, c't 2/2013, S. 62–64

*Bräutigam, Peter / Herzog, Stephanie / Mayen, Thomas /Redeker, Helmut /Zuck, Holger u. a.,* Stellungnahme Nr. 34/2013 des Deutschen Anwaltsvereins durch die Ausschüsse Erbrecht, Informationsrecht und Verfassungsrecht zum Digitalen Nachlass, Berlin 2013

*Brinkert, Maike / Stolze, Michael / Heidrich, Joerg* Der Tod und das soziale Netzwerk; Digitaler Nachlass in Theorie und Praxis, ZD 2013, 153–157

*Brisch, Klaus / Müller-ter Jung, Marco* Digitaler Nachlass – Das Schicksal von E-Mail- und De-Mail-Accounts sowie Mediencenter Inhalten, Anforderungen an Internet-Provider nach dem Todes des Account-Inhabers, CR 7/2013, 446–455

*Burandt, Wolfgang / Rojahn Dieter* Erbrecht, München 2014

*Herzog, Stephanie* Der digitale Nachlass – ein bisher kaum gesehenes und häufig missverstandenes Problem, NJW 2013, 3745–3751

*Hoeren, Thomas,* Der Tod und das Internet – Rechtliche Fragen zur Verwendung von E-Mail- und WWW-Accounts nach dem Tode des Inhaber, NJW, 2005, 2113–2117

*Hoor, Gerd* „Digitaler Nachlass": Rechtliche und praktische Probleme und Gestaltungsempfehlungen für die anwaltliche Praxis, ZAP 2016, 1127 ff.

*Gloser, Stefan* „Digitale Vorsorge" in der notariellen Praxis, DNotZ 2015, 4–20

*Gloser, Stefan* „Digitale Erblasser" und „digitale Vorsorgefälle" – Herausforderungen der Online-Welt in der notariellen Praxis – Teil I, MittBayNot 2016, 12–19

*Gloser, Stefan* „Digitale Erblasser" und „digitale Vorsorgefälle" – Herausforderungen der Online-Welt in der notariellen Praxis – Teil II, MittBayNot 2016, 101–108

*Klas, Benedikt / Möhrke-Sobolewski, Christine* Digitaler Nachlass – Erbenschutz trotz Datenschutz, NJW 2015, 3473–3478

*Kroiß, Ludwig / Horn, Claus-Henrik / Solomon, Dennis / Herzog, Stephanie* Nachfolgerecht, Baden-Baden 2015



© Springer Fachmedien Wiesbaden GmbH 2017
S. Funk, *Das Erbe im Netz,* essentials,
DOI 10.1007/978-3-658-18396-7

Kroiß, Ludwig (Hrsg.) Nomos Kommentar BGB Erbrecht, 4. Aufl. 2014, Nomos, Baden-Baden

*Kutscher, Antonia* Der digitale Nachlass, Göttingen, V & R unipress GmbH, 2015

*Labs, Lutz* Sicher Aufbewahren – Hardware und Medien für das persönliche Archiv, c't 8/2017, 114–116

*Lang, Lea* Logout für immer – Persönliche Konten selektiert weitergeben oder vernichten, c't 8/2017, 122–125

*Lange, Knut Werner / Holtwiesche, Marian* Digitaler Nachlas – eine Herausforderung für Wissenschaft und Praxis (Teil 2), ZErb 2016, 157–162

*Litzenburger, Wolfgang* Anmerkung zu LG Berlin: Digitaler Nachlass – Vererbbarkeit des Zugangs zu sozialen Netzwerken (hier: Facebook), FD-ErbR 2016, 375 ff

*Martini, Mario* Der digitale Nachlass und die Herausforderung postmortalen Persönlichkeitsschutzes im Internet, JZ 2012, 1145

*Müller-Glöge, Rudi / Preis, Ulrich / Schmidt, Ingrid (Hrsg),* Erfurter Kommentar zum Arbeitsrecht, 17. Aufl. 2017, C.H. Beck, München

*Palandt, Otto (Begr.)* Bürgerliches Gesetzbuch, 75. Aufl. 2016, C.H. Beck, München

*Pruns, Matthias* Keine Angst vor dem digitalen Nachlass! Erbrechtliche Grundlagen: Alte Probleme in einem neuen Gewand?, NWB 2013, S. 3161–3167

*Raude, Karin* Der digitale Nachlass in der notariellen Praxis, RNotZ 2017, 17–27

Säcker, Franz Jürgen / Rixecker, Roland / Oetker, Hartmut / Limperg, Bettina, Münchener Kommentar zum Bürgerlichen Gesetzbuch

*Salomon, Pascal* „Digitaler Nachlass" – Möglichkeiten der notariellen Vorsorge, NotBZ 2016, 324 ff

*Scheuch, Brian* Denn sie wissen nicht, was sie erben – Rechtlice Aspekte der Vorsorge im Hinblick auf Daten und Accounts, c't 8/2017, 118–121

*Solmecke, Christian / Köbrich, Thomas / Schmitt, Robin* Der digitale Nachlass – haben Erben einen Auskunftsanspruch? Überblick über den rechtssicheren Umgang mit den Daten von Verstorbenen, MMR 2015, 291–295

*Steiner, Anton / Holzer, Anna* Praktische Empfehlungen zum digitalen Nachlass, ZEV 2015, 262

*Stürner (Hrsg.),* Jauernig, Bürgerliches Gesetzbuch, 16. Aufl. 2015, C.H. Beck, München

*Wolff, Amadeus / Brink, Stefan (Hrsg.),* Beck'scher Online-Kommentar Datenschutzrecht, 19. Aufl. 2017, C.H. Beck München